A FORÇA DA PALAVRA

DA MESMA AUTORA

FICÇÃO

O sexophuro. Rio de Janeiro: Codecri, 1981
O papagaio e o doutor. São Paulo: Sicialiano, 1991
A paixão de Lia. São Paulo: Globo, 1994 (duas edições)

TEATRO

Paixão (monólogo interpretado por Nathália Timberg em quase todos os estados do Brasil)

ENSAIO

O jogo do esconderijo. São Paulo: Pioneira, 1975
Manhas do poder. São Paulo: Ática, 1979
Isso é o país. São Paulo e Rio de Janeiro: Kairos e aOutra, 1984
O que é amor. São Paulo: Brasiliense, 1983 (8 edições)
Os bastidores do carnaval (edição trilíngüe). Rio de Janeiro: aOutra, 1988 e São Paulo: Empresa das Artes, 1995
O País da Bola. São Paulo. Best, 1989

CRÔNICA

Paris não acaba nunca. Rio de Janeiro: Record, 1996 (2 edições)

TRADUÇÃO

Os Escritos Técnicos de Freud. In: O Seminário de Jacques Lacan. Rio de Janeiro. Zahar, 1979, vol. I (três edições)

Betty Milan

A FORÇA DA PALAVRA

Prefácio de
Gérard Lebrun

EDITORA RECORD
RIO DE JANEIRO • SÃO PAULO

CIP-Brasil. Catalogação-na-fonte
Sindicato Nacional dos Editores de Livros, RJ.

M582f

Milan, Betty, 1944-
A força da palavra / Betty Milan. – Rio de Janeiro: Record, 1996.
208p.

ISBN 85-01-04596-9

1. Escritores – Entrevistas. 2. Intelectuais – Entrevistas. 3. Entrevistas (Jornalismo). I. Título.

96-1045

CDD – 808.856
CDU – 82-83

Créditos da fotografia de capa (a partir do alto à esquerda e no sentido horário):
Michel Serres: © Flammarion;
Nathalie Sarraute: foto Jacques Sassier © Editions Gallimard;
Octavio Paz: foto Jacques Sassier, © Editions Gallimard;
Hector Bianciotti: © Ulf Andersen, Gamma;
Alicia Dujovne Ortiz: © Ulf Andersen, Gamma;
Jean-Claude Carrière: © Jean François Deroubaix.

Direitos exclusivos desta edição
adquiridos pela
DISTRIBUIDORA RECORD DE SERVIÇOS DE IMPRENSA S.A.
Rua Argentina 171 – 20921-380 Rio de Janeiro, RJ – Tel.: 585-2000

Impresso no Brasil

ISBN 85-01-04596-9

PEDIDOS PELO REEMBOLSO POSTAL
Caixa Postal 23.052 – Rio de Janeiro, RJ – 20922-970

Para Luciana Villas-Boas, que sabe escutar.

Agradecimentos

A Otávio Frias Filho, que me abriu o espaço do jornal *Folha de S. Paulo* e, repetidamente, me disse sim.
A Marcos Augusto Gonçalves, que me introduziu no suplemento Mais.
A Alcino Leite Neto, que foi o editor da maioria destas matérias, e tanto soube sugerir autores quanto acatar sugestões, tanto me orientar no que diz respeito ao modo de fazer as entrevistas quanto aceitar o meu modo de proceder.
Aos irmãos Alain e Bernard Mangin, cuja colaboração na França foi decisiva. A Alain, por ter me estimulado a fazer as entrevistas, ter comigo discutido as perguntas que seriam colocadas aos entrevistados e ainda pelo auxílio na tradução e na versão implícitas neste trabalho. A Bernard, pela generosidade com que respondeu às minhas questões sobre as culturas francesa e européia, de que ele é profundo conhecedor.

Prefácio

Gérard Lebrun

A entrevista de uma personalidade literária é um gênero perigoso. Entrevistado com respeito excessivo, o escritor nada dirá de novo sobre si mesmo. Se, ao contrário, ele for submetido a questões indiscretas, responderá furtando-se, querendo se livrar o quanto antes do importunador. Admiro o fato de que Betty Milan, entrevistadora debutante, tenha evitado os dois perigos. Nem conformista nem agressiva, nem ingênua nem pedante, empenha-se em obter uma quantidade de confidências suficiente para conferir ao autor a proximidade que desperta vontade de ler — se não de reler.

O empenho dela não é recompensado em todos os casos. Em alguns, que, aliás, são raros (e eu deixo o leitor apontá-los), a corrente simplesmente não passa. A entrevistadora nada tem a ver com isso. É o autor que recusa a idéia de se autocomentar, imaginando, de certo, que o seu texto basta a si mesmo e toda glosa implicaria sobretudo o risco de um mal-entendido. Esta posição (a de Nathalie Sarraute, que merece todo o meu respeito) é perfeitamente defensável — e não há porque se irritar com um entrevistado que, de quando em vez, evita as questões. Sempre que Betty Milan não topa numa retração de princípio — caso mais freqüente —, ela consegue mostrar o interlocutor na sua melhor forma. A entrevista com Jean d'Ormesson, cuja auto-ironia dá prazer, é um exemplo feliz disso. Aposto que mais de um leitor vai achar que é demasiadamente curta e desejará conhecer melhor este "aristocrata" da República das Letras, com um excesso de talento para ser maldoso. Obrigado a ele e a Betty Milan pela lufada de século XVIII... Excelente também a franqueza de Jean Claude-Carrière falando com tanta paixão quanto precisão do seu *ofício* de dialogista... E, por aqui, eu paro. A idéia de dar ibope não me agrada. Não cito as entrevistas que preferi ou teria preferido citar. Só quero dizer que a habilidade de Betty com freqüência conduz o autor a falar de si com lealdade e sem a pretensão de mostrar que é sério. D'Ormesson, Carrière, Françoise Sagan, e outros mais (a lista completa eu obviamente não vou dar, porque não sou de cometer gafes tamanhas) entraram no jogo graças a uma interlocutora que tanto soube evitar as banalidades midiáticas quanto os chiliques do salão Verdurin.

A que gênero pertencem os textos que dela leremos? Melhor não considerá-los decorrentes do jornalismo. Seria supor que o "jornalismo" é um gênero literário, quando é um modo de difusão que inclui vários gêneros — do planfeto à filosofia política, passando pela crítica literária... Sei lá eu. Talvez possamos incluir este livro na última categoria: *uma crítica literária dialogada*. As entrevistas que leremos numerosas, ao meu ver são tão estimulantes quanto os melhores "*Lundis*" de Sainte-Beuve. Nesses tempos pós-estruturalistas, o elogio poderia parecer uma agulhada na autora. Não tenho semelhante intenção, pois insisto no não-conformismo a ponto de pensar que, se reinserirmos uma obra na biografia do autor, em nada diminuímos a sua consistência e a tornamos ainda mais interessante. Talvez já esteja na hora de rever o processo instruído e julgado por Proust contra Sainte-Beuve. A "crítica literária" que se recusa (ou se recusaria) a renegar Sainte-Beuve só é arcaica para quem considera arbitrariamente que a análise das obras literárias é da alçada exclusiva dos técnicos do Texto — tão drástica é esta posição que a própria noção de "autor" acaba passando por vetusta e a de "sensibilidade" é simplesmente dispensada. Nem todos os inovadores consagrados da literatura esposam essas idéias extremadas.

Mas o que é um bom crítico literário? Eis a resposta de uma das interlocutoras de Betty Milan.

"*É preciso que ele seja muito sensível à escrita em si, que saiba exprimir o que sente no contato com um livro e se aproxime do que o livro pretende dizer. O crítico deve ter a sensibilidade muito aguçada. Isso vale para cada um dos livro que lê...*"

Quem disse isso não é uma cronista de uma revista bem-comportada, é Nathalie Sarraute. Porque a subversão eficiente precisa bem menos do terrorismo intelectual, a arma do pobre, do que se imagina. Agora que as polêmicas acirradas dos *sixties* pertencem à história literária (a de Picard contra Barthes, a propósito de Racine; a de Boyancé contra Bollack, a propósito de Lucrécia), talvez já tenha chegado o momento — aqui também — de rever os processos feitos a uma "velha guarda"... literariamente incorreta. Os métodos de análise ditos "estruturalistas" são úteis na medida em que acabaram com a psicologia sumária (e possivelmente ingênua), que era a praga dos estudos literários na França ainda nos anos cinqüenta. Podemos, no entanto, duvidar dos limites da competência desses métodos quando o crítico ou o hermeneuta que os dogmatizou, proíbe "que se considere o que um livro pretende dizer" — um livro se não uma página do mesmo. Ou então, quando um estudante, em geral bem formado, acredita ter analisado uma argumentação cerrada de Nietzsche ou de Bergson, meditando sobre a alternância das formas interrogativas e assercionais num determinado fragmento. Quando o examinador sou eu, fico profundamente insatisfeito... No terreno literário, a situação não é muito diferente. É tão lamentável aí considerar como indigno de interesse teórico a identificação dos afetos novos que o romancista procura despertar quanto negligenciar, num texto filosófico, o conceito novo que o autor, com maior ou menor dificuldade, tentava introduzir. Diante das proezas dos técnicos do Texto, a gente se sente até mal de lembrar que os autores (de filosofia) *também* provavam que uma tese era insustentável ou reformulavam um problema mal enunciado para indicar a futilidade intrínseca das "soluções" que se acreditava necessário dar a ele — em suma, *querer dizer algo de importante*, fulgurante às vezes e preciso sempre. Quando o comentarista procura dar conta de um enfoque inovador (e as inovações estilísticas não são mais do que um dos aspectos), ele precisa se valer, num ou noutro momento, de uma documentação de *ordem histórica*, história de um espírito, história das suas leituras, história social... Assim, tanto a teoria literária quanto a história da filosofia obrigam quem não optou pelo espírito de seita a honrar as prescrições metodológicas, que, freqüentemente, só foram consideradas trivialidades por se ter uma idéia *asseptisada* do que deve ser "A Literatura" e a "Filosofia".

Fiquemos, agora, só com as obras de ficção, porque Betty Milan nos apresenta sobretudo os escritores. Escrever um romance talvez seja fazer surgir um "mundo" (e que mundo? *Welt* ou *Umwelt?* em alemão, seria necessário precisar...) ou retraçar um novo "horizonte" etc. Porém não seria também — e *necessariamente* — fazer uma obra de *cronista*? Tajar Ben Jelloun não tem vergonha de lembrar essa trivialidade na entrevista que leremos:

"Em todo romance existe o projeto de fazer o retrato de uma sociedade... No *Homem rompido* eu falo da corrupção. Noutro, eu falo da condição feminina e, noutro, da História. Com tudo isso, a gente chega a ter uma idéia do que é o Marrocos hoje."

Eis aí um primeiro elemento de um eventual *Por Sainte-Beu-*

ve. Às informações obtidas sobre *a experiência* de um escritor não nos impedem de apreciar a especificidade *literária* da sua obra, não incitam forçosamente a uma curiosidade "psicologisante", que mutilaria de saída o alcance do trabalho. Já não estaria em tempo de desconfiar da condescendência de princípio em que a instância "psicológica" é mantida pelos puristas da Literatura? As filosofias das essências, e, posteriormente, das estruturas expandiram demais a superfície *a priori* pouco fecunda ou maldita do "psicologismo"... Sem atentarmos para os afetos que se formaram no escritor, depois para a maneira pela qual um projeto ainda rudimentar foi remanejado à medida que a intriga e o contexto se definiam, como compreender a constituição de um gênero que nós "abstratamente" chamamos de ficção? Ou compreender que tantas experiências singulares tenham se ajustado a um *modo de expressão*, se só examinarmos tal modo considerando que as experiências são anedóticas, dignas apenas de algumas linhas na introdução de uma edição escolar? O biográfico, o psicográfico merecem mesmo um tamanho desdém? Que eu saiba, é pela profusão e a precisão da documentação biográfica que muitos volumes de *Pléiade* despertaram de novo o interesse do público por autores contemporâneos consagrados (Colette, Faulkner...). Betty Milan realiza um trabalho comparável quando leva, por exemplo, Patrick Grainville, a dizer o que o Brasil lhe deu e de que forma a caução do "tropicalismo" o liberou do modelo da narrativa neoclássica, ainda tão presente no imaginário francês.

"As entrevistas do livro acaso são, do seu ponto de vista, *pesquisas de fontes*, amostras do "método de Lanson"?

A isso eu responderia primeiramente que seria um cumprimento à autora, pois o método de Gustave Lanson, que foi levianamente desvalorizado é uma etapa indispensável da compreensão literária — pelo menos quando esta não se reduz a um jogo combinatório "textual". Mas o prazer que eu tenho de mexer com as idéias estabelecidas não me fará deixar Betty Milan em companhia de Sainte-Beuve e de Lanson. O que, aliás, não seria infamante, porém não daria conta do seu modo de proceder. Pelo deslindamento dos fatos, ela busca encontrar a gênese de uma voz (de uma "musiquinha", como dizia Céline), quer saber como os acasos e a tenacidade se entrelaçaram para formar um *timbre*, que o leitor acaba reconhecendo entre mil — uma *singularidade* literária. O interesse dela pela vida e as opiniões do escritor não o aprisiona no *individual*. Trata-se de um recurso para chegar às *singularidades* que fizeram de um tal *indivíduo* uma voz literária (a distinção deleuziana entre os dois termos é útil aqui). Isso deve nos servir para evitar um contrasenso sobre o título do livro. "A Força da Palavra" de que aí se trata não diz respeito ao diálogo transcrito nas páginas que vamos ler e sim às palavras pronunciadas pelas vozes eminentemente singulares, cuja origem as entrevistas procuram encontrar.

Inseparabilidade da experiência de vida se não da experiência cotidiana e do fazer literário. Esta idéia que parece nortear sempre a entrevista, é ilustrada mais uma vez. Considere-se a página comovente em que Nathalie Sarraute diz que a escrita não deve procurar a beleza, e sim, modestamente, procurar não perder o contato com "a sensação". E também vale a pena considerar as entrevistas com as biógrafas-escritoras que escolhem como *tema literário* a *vida* de um personagem excepcional (Maradona, Eva Perón, Marguerite Yourcenar). Depois de ler Alicia Dujovne Ortiz, biógrafa de Evita, ou Michèle Sarde, biógrafa de Yourcenar, a gente já não precisa mais repetir que a verdade, às vezes, ultrapassa a ficção, porque a vida verdadeira, sem acréscimos hagiográficos, *já era ficção*, modelagem voluntarista de si mesmo. O mármore aí se esculpe numa estátua, que depois fica esperando o seu Plutarco. Sabe-se lá onde começa a literatura, onde termina a vida, quando se evoca Yourcenar, exilada altivamente na sua ilha, correndo mundo assim que a última amarra afetiva se rompeu. Ou quando a biógrafa "conta" a história de Evita, morena bastarda e desprezada nos seus primórdios, loira fictícia depois, vestida por Dior e metamorfoseada em Madona... entre santa e demagoga, na sua volta da Europa, levitando certamente para além do bem e do mal (não posso deixar de recomendar especialmente as páginas sobre ela). Essa espécie de monstros sagrados, Hegel os chamava "grandes figuras plásticas", porém só as encontrava na Grécia antiga — antes que a modernidade tivesse demarcado a fronteira entre o real e o imaginário, fronteira que a nossa autora prefere deixar indecisa. O que a apaixona é o imaginário no coração do dia-a-dia, o vivido que o talento, com uma vara de condão, promove à dignidade de imagem. Não acreditemos no que Hegel diz, o fim da sua *Estética* é lúgubre demais. Não é verdade que a Arte, a partir de então, pertença ao passado. A literatura continua a ser uma *força viva*, se consentirmos em dela tirar a maiúscula. O segundo sentido do título, "A Força da Palavra", me parece aliás, ser este.

Bem verdade que a entrevistadora prefere ver a força aplicada aos objetivos dela, porque também tem sua própria temática, também é escritora. A exemplo disso, a freqüência com a qual os temas da viagem sem fim e do exílio retornam — os filhos de diplomatas "destinados a viajar" a partir da infância (d'Ormesson, Alvaro Mutis) muito a interessam. E vocês a verão estender socraticamente a isca a Alvaro Mutis.

"— O senhor diria que contar é tão importante quanto errar?

— Sim, contar é uma maneira de errar. Reconstruir a errância é uma forma de passar por ela novamente."

E o que foi que esta errância deu a Alvaro Mutis?

"— Não sei bem... Comecei a minha vida com a errância e para mim ela é absolutamente natural."

Porém a errância, diz ele ainda, pode ser o resultado de uma condenação. Ou, pelo menos, a maneira que o solitário encontra, o escritor, de transformar o ensimesmamento numa virtude. Enclausurada na sua ilha, num país cuja língua ela nunca escrevera, Yourcenar, nos diz Michèle Sarde, havia se instalado na errância, fortaleza onde nada a podia atingir. Ao saber da destruição do castelo da sua infância, citou o verso de Sertorius de Corneille: "Roma não está mais em Roma e sim onde estou eu." O escriba de Adriano nos faz ouvir Ovídio novamente: "Se o mundo despencasse, as suas ruínas só comoveriam um indivíduo indiferente." E a biógrafa acrescenta: no fundo, todo escritor poderia se valer do verso de Cornellie; é exilado até mesmo na sua cidade natal, e este exílio assumido é talvez o preço que ele deva pagar pela sua obra. Solidão vagabunda, a errância é a aceitação do "exílio", e, sem dúvida alguma, uma das maneiras mais corajosas de "gerenciá-lo", como diria a televisão francesa.

Sim, mas quem diz "exílio" diz pátria perdida. Que pátria? A dos "bons europeus" no sentido de Nietzsche, e, em particular, daqueles que não se conformam com o fato de terem sido expatriados pelas caravelas dos seus ancestrais, dos que se dizem "Europa! Europa!", como o jovem armeniano de Kazan se diz: "América! América!" ao longo da sua odisséia. Que pátria? A resposta é clara quando se trata de Hector Bianciotti, a quem a entrevistadora lembra que, à semelhança de Borges, ele define os argentinos como "europeus no exílio". Europeu no exílio ele foi, depois "estrangeiro na França", antes de se transmutar em escritor francês. E a resposta toca Betty Milan o suficiente para que leve Alicia Dujovne Ortiz a tratar do *Heimstlösigkeit.* Dujovne Ortiz, argentina também, exilada também, e que deixou o país natal à procura de uma ilha para si: "Não saí em busca de um país onde tivesse raízes, escolhi um exílio literário."

Da crítica literária de aparência cosmopolita, eis-nos reconduzidos à literatura sul-americana. "Reconduzidos"? Não, a palavra não é esta, porque a América Latina e a sua especificidade estão sempre presentes nestas páginas, conquanto nos detivermos nelas. Bem verdade que esta harmônica teria me escapado se eu não tivesse ficado tão impressionado, alguns anos atrás, com as páginas marcantes que a autora consagrou às suas origens libanesas e à implantação da sua família no Brasil. A "pátria perdida" e a procura da impossível "identidade" nada tem a ver para Betty Milan com os "lugares" provenientes da tópica analítica. Mais uma vez, o imaginário, aí, decididamente, não se separa do biográfico — do sangue e da terra. Se o perfume (por sinal, nada desagradável) dos "trens de luxo" mistura-se com os odores mais acres do navio de Simbad, ele não permite desconhecer que, para a narradora do livro, se trata das suas raízes e das contas que ela precisou acertar com as mesmas.

E — elegância suprema —, isso tudo sem nostalgia. Considere-se o fim das entrevistas de Alicia Dujovne Ortiz e de Carrière. Os dois (que não se encontraram) entrevêm que a América Latina, triunfo indubitável da mestiçagem ("Basta sair na rua para ver a cor variada das crianças") bem pode se tornar um modelo para o século que se aproxima. Século que tanto é o da vaidade da preservação quanto o da procura da identidade, temas, aliás, tipicamente "europeus". Não acredito que Betty Milan, na sua estada européia (não falo do "seu exílio"), reinvente a ilha de Yourcenar. Já não tenho certeza, depois de ter lido estas páginas, que ela tenha entrado na "Literatura" como os cátaros se jogaram na fogueira. Acredito antes que esteja no ponto de desvelar um segredo. Qual? Para falar ainda nietzschianamente: o dos bons sul-americanos".

Introdução

O que unifica essas entrevistas com escritores e intelectuais estrangeiros publicadas na grande imprensa brasileira? Examinadas uma a uma, elas não têm unidade temática.

O conjunto justifica-se pelo modo como invariavelmente conduzi a entrevista, dando, de início, a palavra ao entrevistado para que respondesse a uma questão do seu interesse — como, por exemplo, o que o teria levado a escrever o seu último livro — para depois colocar as questões que a obra me suscitava. Ou seja, passando livremente do que em princípio interessava ao outro ao que eu desejava saber, por não estar sujeita ao suposto "interesse do leitor", de que o jornalista, via de regra, conscientemente ou não, se serve para formar a opinião pública.

À diferença daquele, orientei a entrevista mas não as respostas, gozando de liberdade e propiciando-a ao entrevistado para que ele pudesse revelar o que desejava e assim se revelar, para que me surpreendesse com a sua fala e se deixasse por ela surpreender. Não joguei com cartas marcadas para que tanto o entrevistado como eu e o leitor pudéssemos entrar no jogo e dele efetivamente participar. Interessava-me informação envolvendo o destinatário, à maneira do romancista ou do chamado "jornalista novo".

O conjunto também se justifica pelo desejo dos autores de falar — um desejo talvez decorrente do meu modo de proceder, mas que me intrigou. À exceção de Jacques Derrida, que primeiro hesitou em dar a entrevista e sugeriu até que eu simplesmente escrevesse uma resenha sobre o seu livro para o jornal, todos os outros — o Prêmio Nobel Octavio Paz, inclusive — logo se prontificaram a concedê-la.

Todos obviamente estão cientes de que, sem a mídia escrita, não há como divulgar a obra, e o jornal prestigia o depoimento. Todos sabem que é preciso falar para ser lido, sair do silêncio — condição *sine qua non* da escrita — para que o destinatário aceite silenciar, e, tendo "escutado" o autor, leia a obra.

Os autores conhecem o imperativo a que estão sujeitos e que evidencia a resistência do público em relação à leitura, decorrente da tendência moderna a só ver e ouvir. Porém, a disponibilidade deles e o empenho em falar sobre o próprio trabalho não se explicam somente pela necessidade de minimizar aquela resistência e é razoável pensar numa impossibilidade de resistir à fala, no desejo de se ligar ao semelhante, como outrora o contador, para valorizar o ato hoje tão desprestigiado de escrever.

Nestes tempos em que a televisão substituiu a conversa, o rito antigo de contar se tornou de novo importante e o escritor tende a ser um contador, dizer ao destinatário da obra por que enveredou por uma estrada e não outra, que obstáculos encontrou e como finalmente conseguiu chegar à sua meta. Ao fazer isso, estará dando a entender que o ato de escrever é uma aventura.

O trabalho de que resultou este livro me fez acreditar ainda mais na necessidade de uma escuta que não nega ao outro o estilo. O mundo repetitivo da mídia só dá a palavra ao outro para a editar invariavelmente da mesma maneira, e é por isso, contrário ao escritor, que recorre ao verbo precisamente para fazer o mundo variar.

Mas por que a escolha de alguns autores e não outros? A muitos solicitei uma entrevista atendendo a um pedido do jornal — foi este que escolheu, como por exemplo Octavio Paz, pelo ensaio sobre o amor, *A dupla chama*, o filósofo Jacques Derrida pelo controvertido *Espectros de Marx* ou o roteirista Jean-Claude Carrière, que escreveu um livro sobre o encontro com o Dalai-Lama, *A força do budismo*.

Outros autores eu mesma propus em função de um tema que direta ou indiretamente me dizia respeito — por escrever e estar vivendo na França. Um exemplo é o exílio do escritor, que, mesmo voluntário, implica viver num país onde a língua falada não é a materna e cada frase proferida remete à condição de estrangeiro. Para falar do exílio fui ter com Michèle Sarde, autora de *Você, Marguerite Yourcenar*, a biografia de uma romancista que passou a maior parte da vida fora do seu país de origem. Também entrevistei a autora da grande biografia *Eva Perón*, Alicia Dujovne Ortiz, escritora argentina exilada em Paris.

Outro tema que me interessava era a cultura da mestiçagem, de que o filósofo Michel Serres, um dos entrevistados, trata no livro *Filosofia mestiça*. Esta cultura, que tanto deu origem ao *jazz* quanto à música popular brasileira e que resulta do encontro dos dessemelhantes, talvez possa ensinar a tolerância de que a atualidade precisa.

O que significa escrever? Exilar-se? Ser mestiço? Tais são as questões que sub-repticiamente enformam este trabalho, em que saí do isolamento imposto pela escrita e conheci outros escritores, fui ouvir para os encontrar.

Sumário

Poetas

Filósofos

Psicanalistas

Ensaístas e Romancistas

Octavio Paz

Poeta e ensaísta, Octavio Paz recebeu o Prêmio Nobel de Literatura em 1990. Nasceu no México em 1914. Em 1937 lutou na Espanha ao lado dos republicanos. De 1946 a 1951 viveu em Paris, onde se ligou a André Breton e freqüentou o grupo surrealista. Benjamin Peret foi, aliás, o seu tradutor. Além de escritor, Octavio Paz é diplomata. Demitiu-se do cargo de embaixador do México na Índia em protesto contra o massacre da Praça das Três Culturas (1968), em que morreram mais de cem estudantes.

À jornalista que perguntou a Octavio Paz se ele acaso não temia ficar colado à imagem que a notoriedade lhe dava, ele respondeu: "Não acredito nessas consagrações. A única consagração é um leitor capaz de dialogar com a gente. Não, eu não penso que esteja impressionado com os meus sucessos. A vida inteira as minhas opiniões foram minoritárias."

Precisamente por querer o diálogo ou o encontro, ele

lançou um ensaio sobre o amor, A dupla chama,* *que não cessa de reenviar o leitor à sua própria experiência e de fazê-lo considerar, através desta, as diferentes idéias do texto.*

Escrito para nos convencer do caráter historicamente subversivo do amor, que, contrariando a tradição ocidental, enobreceu o corpo, o livro é um ensaio de poeta. Por isso mesmo, a chama que ele acende não vai se apagar. "O amor é uma flor sangrenta e é também um talismã: a vulnerabilidade dos amantes os protege", escreve Octavio Paz. E quem poderá se esquecer do que da pessoa amada ele diz: "Terra a descobrir e casa natal."

Tendo em vista A dupla chama, *fui ter com Paz no Hotel Lutecia, onde, apesar da minha oposição inicial, ele deu a entrevista num salão repleto. As idas e vindas das pessoas em momento algum o molestaram, e eu, que temia não compreender o seu espanhol, logo fiquei à vontade. Só quando eu não ouvia ou não entendia, Octavio Paz, cuja língua materna é o espanhol, passava para o francês, a língua em que eu lhe colocava as questões, não por ele desconhecer o português, mas por conhecer menos o português do que o francês, a segunda língua dos escritores latino-americanos da sua geração.*

Depois da entrevista, Paz me convidou para tomar um café. Contou-me, durante a conversa, que foi tradutor de Fernando Pessoa e falou com admiração de Carlos Drummond de Andrade e Manuel Bandeira.

BM — O senhor diz na introdução ao livro *A dupla chama* que, antes de escrevê-lo, hesitou muito, mas não teve como não escrever este livro sobre o amor e fez isso com um "desespero alegre". Que relação o senhor estabelece entre a escrita e o amor?

OP — Há uma relação íntima quando se trata de um certo

**La Double Flamme.* Paris, Gallimard, 1994.

tipo de escrita, a escrita literária, a poesia ou o romance. Há muitas formas de escrever. Quando a gente quer expressar algo de muito profundo, escreve um poema ou um romance, procura assim objetivar a paixão. Em geral a escrita nasce de uma vocação, a gente está condenado a escrever sobre certos temas. Você, que é escritora, sabe disso. Acontece a mesma coisa no amor, que começa com uma atração involuntária — a que a gente está destinado — e depois se converte, por meio do livre-arbítrio, numa forma de liberdade.

BM — O senhor utilizou a palavra *condenado*. Em que medida existe um livre-arbítrio?

OP — Trata-se de uma questão tão antiga quanto a filosofia. Não há resposta e as respostas que encontrei me parecem igualmente insatisfatórias. Há uma eterna relação entre a palavra "destino" e a palavra "liberdade". Os gregos viram isso muito bem. Para que o destino se realize é necessário que ele conte com a cumplicidade dos homens. Para que Édipo cumpra o seu trágico destino, ele tem de escolher espontaneamente, sem saber o que está fazendo, claro. Quero dizer que em cada ato humano há uma dose de determinismo, mas este não pode se realizar sem a liberdade, que, por sua vez, necessita do destino para se realizar. Podemos dizer que, se a liberdade é uma condição da necessidade, o inverso também é verdadeiro. Não há como considerar separadamente a palavra destino e a palavra liberdade. Os dois termos estão perpetuamente em luta; e um não vive sem o outro.

BM — Agora que o senhor já escreveu o livro com um "desespero alegre", talvez seja possível me dizer por que escolheu o amor como tema.

OP — Eu o escrevi com um "desespero alegre" porque o escrevi no final da minha vida. Mas o que importa é que eu o escrevi. Por que o fiz? Desde que comecei, quisera ser, quisera ter sido... A gente até começa a falar no passado... Bem, quisera ter sido poeta. Os meus melhores poemas foram de amor. Às vezes foram poemas eróticos. O tema do amor é uma das minhas obsessões, um dos eixos em torno dos quais girou a minha vida pessoal e também a minha vida intelectual.

BM — Sim, mas por que o senhor escreveu um ensaio?

OP — Porque queria explicar o amor para mim mesmo. Quando comecei a escrever poemas, eu me disse que precisava escrever algum ensaio para justificar o ato aparentemente absurdo de escrever poemas. O mesmo ocorreu com o amor.

BM — O senhor afirma que Platão teria ficado escandalizado com o que nós chamamos amor. Seria possível comentar esta frase?

OP — Para Platão, o amor não tinha o sentido que damos ao amor e que surgiu na Idade Média com a poesia provençal O amor, para ele, era o erotismo, a ação de Eros, o deus da luz e da escuridão, o mensageiro, a força atuante. Platão concebia o amor como um desejo de beleza que terminava na contemplação das idéias eternas. Ademais, o amor não se dirigia a uma mulher, e, sim, aos efebos. O amor de que falamos, e que hoje pode ser homossexual, nasceu como uma paixão heterossexual. Nele existe um gosto pelo sofrimento, pela tragédia — como em Tristão e Isolda ou Romeu e Julieta —, que teria escandalizado Platão. O amor também escandalizou os cristãos, pelo fato de se colocar numa criatura humana o que é próprio da divindade. Lope de Vega diz que, no amor, a gente busca o eterno no que é perecível. O amor é uma blasfêmia para a Igreja; ele é subversivo diante da filosofia e da religião.

BM — O senhor diz que o amor é uma aposta extravagante na liberdade, pois o livre-arbítrio transforma uma atração involuntária entre duas pessoas em união voluntária. Isso é bastante claro quando pensamos em Tristão e Isolda ou em Romeu e Julieta. Mas *História de O**, o romance, acaso não é uma aposta extravagante na servidão?

---

*Réage Pauline, *Histoire d'O.* Paris, Jean-Jacques Pauvert, 1972.

OP — A questão é muito interessante. Mas O decide, porque ela ama René, que deseja se deixar escravizar. Os estóicos pensavam que só se pode afirmar a liberdade dentro dos limites do destino. Epicteto dizia que o escravo tem a liberdade, pelo menos no seu interior, de dizer não. O mesmo ocorre com O, que é uma mulher livre e se vale da liberdade para se converter numa escrava.

BM — Cabe perguntar se O teria podido dizer que não queria ser escrava ou, em outras palavras, se ela teria tido a possibilidade subjetiva de escolher a posição de quem não é escrava.

OP — Sim, poderia ter recusado o amor. Falei algumas vezes com Paulhan sobre isso. No meu livro sobre Sade eu desenvolvo a idéia. O livro se chama *Sade, um para além do erótico*, e também acaba de sair pela Gallimard. Contém um poema e dois ensaios. A parte final trata da *História de O*. Creio que O escolhe a servidão porque está apaixonada. Todos os apaixonados, no fundo, seguem O, na medida em que todos aceitam a servidão. Na poesia provençal, que codificou o amor, se diz que o apaixonado é um vassalo e a amada é uma senhora. Mas o apaixonado decidiu se converter em vassalo, por estar apaixonado; ele não nasceu escravo. A origem de O se encontra na poesia provençal. Se O fosse somente masoquista, ela seguiria as suas inclinações eróticas e ponto final, mas ela está apaixonada.

BM — O senhor não acha que o amor implicaria uma revisão completa da noção de escolha?

OP — Sim, porém o amor lança luz sobre a relação entre necessidade e liberdade, sobre o livre-arbítrio, o grande tema do teatro espanhol.

BM — O amor move o sol e as estrelas, mas não se dissocia do ódio e pode se tornar mortífero. Por que o senhor só fala do amor como um bem?

OP — Mencionam com freqüência o caráter mortífero do

amor. Possivelmente eu falo dele sobretudo como um bem por uma reação contra esta predileção do século XX, predileção pelos lados negros do amor. Trata-se também de uma reação contra a exaltação do Marquês de Sade... Mas eu penso que o ódio é inseparável do amor

BM — Existe mesmo o conceito de *hainamoration*, em Lacan.

OP — O quê?

BM — *Hainamoration*, um neologismo que junta o ódio (*haine*) e o amor (*amour*).

OP — Os psicólogos dizem de modo mais ou menos pedante o que os poetas dizem de forma simples. Catulo diz num poema famoso: "Amo e odeio ao mesmo tempo/ Por quê?/ Não sei, mas eu disso padeço." É magnífico, em quatro versos diz o que os psicólogos e os psicanalistas precisam de mil páginas para dizer. (*risos*)

BM — O senhor diz, no seu livro, que o amor é incompatível com a infidelidade. Isso significaria que a revolução erótica deste século não mudou em nada a noção tradicional de infidelidade?

OP — A revolução erótica nos trouxe uma idéia mais limpa do corpo... O amor não existe sem a liberdade feminina. Por isso, desde o início, os grandes períodos do amor coincidiram com a liberdade da mulher ou com a sua rebelião. Afinal de contas, Isolda se rebelou, Julieta também...

BM — Voltando à questão anterior, eu lhe pergunto se um simples encontro erótico é um ato de infidelidade.

OP — Sim, em geral sim, porque o amor está fundado na união do corpo e do espírito. No passado, havia o problema da paternidade. Hoje, a infidelidade é menos grave porque não interfere na procriação; mas o amor parte da decisão de que "iremos juntos até o final".

BM — Será mesmo que a revolução erótica não implica que possa haver fidelidade do espírito e liberdade do corpo?

OP — Parece complicado. As experiências dos que tentaram esse tipo de amizade amorosa não deram certo. É muito difícil evitar o sofrimento do companheiro. A infidelidade, em si mesma, poderia não ser grave, mas fere profundamente o outro. Isso todos nós sabemos pela experiência.

BM — Os autores árabes celebram os amores castos. Qual a diferença entre a erótica árabe e a platônica?

OP — A idéia da castidade é uma idéia muito antiga. No Oriente, nasce da idéia de que toda descarga sexual implica perda de vida. É preciso ser casto para conseguir mais vida. A castidade é uma receita de imortalidade. No taoísmo e na ioga, a castidade existe para que o sujeito tenha mais controle sobre si mesmo. No caso de Platão, a castidade está ligada ao dualismo do corpo e da alma e à necessidade de salvar esta. Cada ato sexual, para ele, é uma queda no mundo informe da matéria. Nós amamos uma forma; porém, no momento em que a abraçamos, ela se dissolve. Isso, para mim, é maravilhoso, porque é um contato com o universo.

BM — O senhor escreve que a maior defesa contra a Aids é o amor, por implicar a fidelidade. A sua posição é a do papa.

OP — Possivelmente. Mas D.H. Lawrence já dizia que o papa sabia mais do sexo e do erotismo do que todos os tratados.

BM — Segundo o seu livro, o último grande movimento estético do século XX teria sido o surrealismo e o movimento *beat* foi uma derivação daquele. Seria possível explicar isso?

OP — Toda a doutrina da *beat generation* parte da espontaneidade da escrita, que é uma idéia dos surrealistas.

BM — Obrigada pela entrevista.

OP — Você quer tomar um café?

BM — Aceito.

Edouard Glissant

Originário da Martinica, onde nasceu em 1928, Edouard Glissant estudou na Sorbonne, e aí se diplomou como doutor em letras. Nos anos 50, o seu papel no renascimento cultural negro africano foi fundamental. Com o primeiro romance, em 1958, ganhou o Prêmio Renaudot, que lhe valeu a consagração literária. Por ter fundado, em 1959, a frente antilhano-guianesa, foi expulso de Guadeloupe e passou a residir na França. Ao voltar para a Martinica, em 1965, fundou um estabelecimento de ensino, o Instituto Martiniquense de Estudos, e uma revista de ciências humanas chamada *Acoma*. Desde então, sua obra não parou de crescer. Em 1991, recebeu o Grande Prêmio Roger Caillois de poesia e em 1994 a editora Gallimard reuniu os seus poemas na obra intitulada *Poemas completos*.

Segundo Edouard Glissant, é preciso que o escritor esteja atento ao grito do mundo e a literatura possa se enriquecer com o imaginário dos povos pela repetição dos temas da mestiçagem, do multilingüismo e da crioulização.

Para ouvi-lo falar sobre estes temas, entrevistei-o em Lisboa, no contexto da reunião do Parlamento Internacional dos Escritores, de cujo conselho ele é membro. De uma a outra resposta ele me surpreendeu pela modernidade do seu pensamento, que justifica o prestígio de Glissant tanto na Europa quanto nos Estados Unidos e só pode atrair o intelectual brasileiro.

BM — O que é a literatura para o senhor?

EG — A literatura é a possibilidade de exprimir o que é difícil, ambíguo, impossível. A literatura é sempre, aliás, uma procura de impossíveis. A situação do mundo cria novos campos para o exercício literário. Não se trata de fazer uma literatura aplicada, mas de ser sensível ao que se passa no mundo, detectar, no que chamo de *caos mundo*, as variações e as invariantes.

BM — Nós, brasileiros, como os antilhanos, não somos praticantes da escrita e, sim, da oralidade; não tendemos a ter leitores, mas ouvintes. O escritor brasileiro, como o escritor antilhano, contraria a tendência natural da cultura do seu país, pratica o seu ofício na contracorrente. A posição dele é particularmente difícil, ele é um combatente. O que justifica esse combate, na sua opinião? Por que insistir na escrita?

EG — Se nos reportamos às civilizações antigas, nos damos conta de que, no momento em que a escrita aparece, ocorre a passagem do oral para o escrito. Os textos do Antigo Testamento, por exemplo, foram primeiro ditos e só depois escritos. Durante dois milênios, vivemos com a idéia de que o escrito é transcendente em relação ao oral. A civilização oral foi considerada inferior. Hoje, com a emergência das velhas culturas orais — na África, por exemplo — e com o cinema e a televisão, deixamos de considerar a oralidade inferior.

BM — Mas, nesse caso, o que justifica um antilhano ou um

brasileiro escrever, contrariar a tendência natural da própria cultura, que é a oralidade?

EG — Se não fizermos a experiência da escrita, entramos na modernidade com algo a menos. Seria melhor mostrar que a escrita pode se tornar mais interessante com as técnicas da oralidade. O melhor é tender para soluções de síntese e não de fechamento. Quando escrevo na língua francesa, aplico a ela a economia da oralidade, do contador crioulo, tento construir algo que ultrapassa tudo o que já foi feito; ultrapassa os próprios gêneros literários...

BM — A sua posição resulta na produção de textos que não aceitam os limites dos gêneros nem obedecem às regras estabelecidas para os diferentes gêneros literários. O mercado internacional tende a recusar esses textos e o escritor tende a desaparecer. O senhor poderia falar sobre isso?

EG — Não tenderá a desaparecer e, sim, a levar mais tempo para ser aceito. Foi o que me aconteceu na França, onde consideravam que o meu texto era difícil por causa da oralidade. Mas pouco a pouco a coisa foi se impondo. O que eu digo hoje é muito ouvido nos meios intelectuais franceses; vinte anos atrás, não era. É preciso se obstinar, não levar em conta as rejeições, que são sempre passageiras.

BM — O senhor diz que o conceito, hoje, deve ser fecundado pela imaginação. Seria possível me explicar isso?

EG — No início das culturas ocidentais, o pensamento poético era fundamental. Na época dos pré-socráticos, não existia separação entre o homem e o mundo. Foi com Sócrates que houve a separação — e o poético, que não separa o homem do mundo, se tornou secundário. Mas em certas culturas africanas, nas culturas ameríndias, a separação não existe, e também no movimento ecológico. O que diz a ecologia? Diz que, se você estraga a terra, o ar, faz o homem morrer. Trata-se de uma volta ao poético, a uma forma de conhecimento que não é separável da palpitação do mundo, a um conceito fecundado pelo imaginário. Acho que a falência do pensamento do sistema, do marxismo, por exemplo, favorece um outro modo de pensar, que é mais frágil porém menos imperativo e menos tirânico. Ao pensamento do sistema, que ignora o tempo, podemos opor um outro que implica a rememoração: o pensamento do traço, única possibilidade de sobrevida no Novo Mundo para os descendentes dos africanos deportados. Não fosse o traço dos deuses, dos costumes e das línguas, este povo não teria tido como se perpetuar e, não fosse a reinvenção do traço, não poderia fazer o seu gênio se espraiar pelo planeta, com o *jazz*, as músicas do Caribe e das Américas.

Michel Serres

Formado em matemática e em filosofia, Michel Serres foi oficial da marinha de guerra antes de se dedicar à filosofia das ciências e se tornar professor. A sua biobibliografia tanto menciona os navios em que serviu quanto os livros que escreveu e as universidades do mundo em que lecionou. Serres é um pensador que fez pouco das formações existentes e se especializou em percorrer os saberes para encontrar a ponte que os liga. À maneira do navegador, privilegiou a rota e a passagem, chegando a dar a um dos seus livros o título evocativo de uma das grandes aventuras marítimas do século passado: *Passagem do noroeste*. É membro da Academia Francesa de Letras e diretor da coleção *Corpus da filosofia francesa*, publicada pela editora Fayard. Foi conferencista da Faculdade de Filosofia da Universidade de São Paulo em 1973.

O terceiro instruído* *é o título de um livro nada acadêmico que Michel Serres publicou em 1991. Nesta obra, o filósofo*

Le Tiers Exclu. Paris, François Bourin, 1991.

zomba da figura arrogante do doutor, dizendo que basta, para sê-lo, ter copiado cem modelos, e que só é verdadeiramente instruído o homem de muitas culturas.

O terceiro instruído *é um tratado sobre a educação, que se desenvolve por meio do elogio da viagem e do saber que dela resulta. "Parte", escreve Serres, "deixa o ninho para te enriqueceres com os costumes de outros lugares, aí ouvires palavras nunca antes proferidas. Expõe o corpo ao vento e à chuva, porque, para ser verdadeiramente educado, é preciso te expores ao outro, esposar a alteridade e re-nascer mestiço."*

Tendo em vista a publicação tão oportuna no Brasil deste livro, que se opõe ao fechamento cultural e faz do aprendizado um sinônimo de mestiçagem, entrevistei Michel Serres no escritório da sua residência, em Vincennes, perto de Paris.

BM — Fernando Pessoa, o maior poeta da lusofonia portuguesa contemporânea, dizia que navegar é preciso. Você é um filósofo pessoano porque nunca se apresenta sem lembrar que foi marinheiro, o que obviamente não é gratuito. O que pode e o que deve o intelectual moderno aprender com o navegador?

MS — (*risos*) O mar faz descobrir um mundo ignorado aqui na terra. Existe, aliás, um texto de Hegel sobre isso. O homem só se torna inteiramente responsável por si mesmo quando entra num navio. Abre mão da segurança que a história lhe dá e só conta com o próprio talento.

BM — *O terceiro instruído* está sendo lançado agora no Brasil. Gostaria que você falasse do livro.

MS — O lançamento me alegra. Escrevi o livro porque, no fim da sua carreira, é bom que um professor faça o balanço da sua experiência pedagógica. Dediquei a minha vida aos jovens e tinha vontade de retratar o homem do século XX. A maioria dos filósofos da educação, Montaigne, Fénelon, Rabelais, traçou retratos e foi o que eu fiz.

BM — Em *O terceiro instruído* você diz que, antes de se educar, o jovem é um velho papagaio, apenas capaz de repetir, e você dá a entender que não é propriamente com os atuais doutores que ele deixará de ser papagaio. Qual o perfil do verdadeiro professor e o do aluno instruído?

MS — Digo que a finalidade da instrução é parar de instruir. Na língua francesa a palavra *fin* designa simultaneamente o termo e a finalidade. Não há nada melhor do que instruir alguém, transmitir a totalidade da nossa experiência e do nosso saber, mas após fazer isso é preciso parar, deixar que o outro seja independente e comece a inventar. Acho ótimo, aliás, que você tenha me colocado essa questão. Olhando para mim, você percebe que sou um velho. Porém a experiência mostra que, contrariamente às aparências, a gente é muito velho quando é jovem e depois, avançando na idade, conquista uma segunda juventude.

BM — No seu último livro você incita os jovens a partir, ir ter com o outro, se separar. A separação é, na sua filosofia, um valor positivo.

MS — A palavra pedagogia, comum à língua francesa e à língua portuguesa, é feita de *paidos* (criança) e *agogia* (conduzir) porque o ensino, na verdade, é uma viagem. Pode ser uma viagem imaginária ou intelectual, mas é evidente que a educação começa com uma espécie de partida, implica abandonar hábitos, mudar de língua, partir do lugar onde se nasceu. Não existe educação se não houver o "Levanta-te e vai". Mais ou menos como o que se passa entre os pássaros. Quando as asas dos filhotes começam a aparecer, os pais os empurram para que caiam do ninho, abram as asas e saiam voando.

BM — Montaigne filosofava numa língua literária, escreveu *A viagem forma os jovens*, incitando-os a viajar, e se interessou muito pelos índios da América do Sul, em particular pelos brasileiros. Você se inscreve na tradição de Montaigne...

MS — Sim. E, no que diz respeito a viagem, gostaria de acrescentar que viajar não é só sair de casa, é sobretudo encontrar o outro, porque é com ele que a gente aprende. É óbvio que, se você só encontra pessoas cuja língua é a mesma, que têm os seus hábitos e a sua religião, você não aprende nada. A alteridade é essencial.

BM — Você diria que a paixão pelo outro é uma paixão francesa?

MS — Desejaria que fosse universal.

BM — Mas você sabe que não é.

MS — Foi por isso mesmo que escrevi o livro. O filósofo tem o dever de mostrar ao homem o seu horizonte. O livro diz respeito a um triângulo: o *eu* que parte e encontra o *outro* e o *terceiro*, que resulta do encontro e é instruído. Todo aprendizado é a mistura de um eu e de um outro, que resulta num mestiço, o terceiro instruído.

BM — Você leciona quatro meses por ano nos Estados Unidos. Como é, na cultura americana, a relação com o outro?

MS — Nos Estados Unidos, ao contrário do Brasil, a mestiçagem não foi bem-sucedida. Ainda existem bairros muito separados, os chineses ficam no Chinatown, os italianos no Little Italy etc. No Brasil, as raças, as culturas e as línguas realmente se misturaram, o *melting pot* de fato aconteceu. Há asiáticos, americanos, africanos, europeus e não há uma comunidade dominante em relação às outras.

MS — Gilberto Freyre, o autor de *Casa grande & senzala**, repensou a própria sociologia a partir da noção de mestiçagem. Costumava mesmo dizer que havia aprendido o latim com o pai, o francês com a mãe e o principal, a cultura brasileira, com a mulata que dele cuidava na infância. Freyre certamente se diria um mestiço, como você em *O terceiro instruído*. Poderia ter sido

---

*Publicado pela Editora Record, Rio de Janeiro, 1996 (31ª edição).

um interlocutor seu. O que o convívio com os brasileiros em 1973 lhe deu?

MS — Descobri a latinidade, a existência de uma comunidade latina na qual eu acredito muito. Quando vou à Itália, a Portugal, à Argentina ou ao Brasil, me sinto em casa, e isso porque as línguas latinas têm muito em comum. As culturas são diferentes, porém a gente sempre encontra um ponto de coincidência no que diz respeito à relação com o outro, ao gosto pela beleza. Nós, franceses, nos sentimos mais próximos dos brasileiros do que dos ingleses, apesar de sermos vizinhos destes.

BM — O que mais resultou da sua viagem de 1973?

MS — Descobri, no Brasil, que o país se parecia com o mundo inteiro. Pelos problemas de economia, de demografia, de saúde, representava o mundo, e isso foi o que mais me impressionou. Percebi que existia um universo, um global em preparação. Em 1973, na França, podíamos dizer que existiam os problemas franceses e os outros, os do mundo, que eram diferentes. O Brasil já espelhava o mundo inteiro, a globalidade. Quando voltei me perguntavam o que foi que eu aprendi e eu respondia que havia aprendido o mundo.

BM — Ao lançar *O contrato natural* você disse que a reflexão política contemporânea é conduzida por pessoas que têm uma cultura hemiplégica, gente que conhece as ciências humanas porém ignora totalmente a modernidade cultural. Como deve ser o político neste fim de século?

MS — O homem político mais freqüentemente conhece as ciências humanas. Acontece que a grande maioria dos problemas atuais é resultante da aplicação de técnicas relacionadas com as chamadas ciências duras. Assim, por exemplo, os problemas de meio ambiente são produzidos por técnicas industriais derivadas das ciências físicas e químicas. Já que uma grande parte dos dramas da modernidade depende das ciências duras, é preciso que o dirigente as conheça. Isso, aliás, é um fato inteiramente novo. Nunca antes se pediu ao homem político que tivesse tal conhecimento. Quando ele se limita a ler o jornal, fica demasiadamente preso à atualidade e não tem a distância necessária para se ocupar dos problemas que só se resolvem a longo prazo, como os da educação, do meio ambiente, da criminalidade. O homem político não pode se limitar à cultura da mídia.

BM — Talvez seja necessário formar melhor a mídia.

MS — Não há como reformar os sistemas atuais. A única reforma possível é a da educação. Quando a humanidade tem um problema que não sabe resolver, é preciso que eduque as crianças para resolver na geração seguinte. Por isso a pedagogia é a questão fundamental no mundo inteiro.

Jacques Derrida

Jacques Derrida, nascido em 1930 na Argélia, é um filósofo renomado e autor de uma obra considerável, particularmente apreciada nos Estados Unidos. Além de escritor, também foi o tradutor de Husserl para a língua francesa. Ele define a escrita como "a revelação do engodo da palavra originária".

Jacques Derrida, o filósofo da "desconstrução", lançou Os espectros de Marx*, *contrariando a idéia de que Marx está definitivamente enterrado sob os escombros do muro de Berlim e afirmando que é preciso negociar com o seu espectro, ou seja, reler Marx.*

Interessada naquele livro, telefonei ao filósofo solicitando uma entrevista. A fim de marcá-la, Derrida sugeriu que fosse encontrá-lo na École des Sciences Sociales. Fui, me apresentei, e ele marcou o encontro para dali a dois meses, alegando que estava de partida para os Estados Unidos e se desculpando por me fazer esperar tanto tempo.

Na data combinada, compareci para fazer a entrevista,

**Les Spectres de Marx.* Paris, Galilée, 1993.

que me surpreendeu do começo ao fim. Inicialmente, por ele querer ler as questões que eu levava numa folha de papel em vez de deixar que eu as enunciasse; depois, por dizer repetidamente que era difícil dar conta delas, insistindo em que renunciássemos à entrevista; e, finalmente, por retomá-la quando eu já me dispunha a voltar noutro dia.

Derrida não deixou em momento algum de resistir à entrevista que ele havia concordado em conceder. Para que eu percebesse quão impossível é a posição de quem precisa do tempo que for necessário para desenvolver o pensamento e deve se submeter ao tempo limitado do dispositivo jornalístico? Tratava-se de denunciar o autoritarismo da mídia ao qual ele já se referira mais de uma vez?

Seja como for, através da sua resistência, o filósofo questionou a entrevista à medida que a fazíamos. Por isso, além das suas respostas a questões específicas, segue o relato do que ocorreu antes e depois que eu as formulei.

Derrida me pede para lhe entregar as perguntas que estão numa folha de papel que eu seguro na mão. Depois de ler atentamente, ele se concentra e responde à primeira pergunta, que diz respeito ao título do seu livro e, em particular, à razão pela qual usa a palavra espectro no plural.

JD — Trata-se, por um lado, de Marx enquanto espectro para a consciência política mundial de hoje, que vê no comunismo — por ela confundido com as sociedades socialistas que desmoronaram — algo morto e que deve ser evitado. Para esta consciência, é preciso se certificar de que Marx está e vai continuar enterrado. Existe, portanto, uma relação com o espectro de Marx e do comunismo. Mas também existem, por outro lado, os espectros de Marx, os que perseguiram o próprio Marx. Na segunda parte do livro, digo que Marx era perseguido por um exército de espectros, trato do problema da fantasmalidade em relação com o fetichismo, com a ideologia etc. O plural indica, dependendo da maneira como a gente articula o genitivo, Marx como um espectro, e, por outro lado, os espectros que existiam para ele. Só que a noção de espectralidade não diz respeito apenas ao fantasma e, sim, a tudo que eu chamo de lógica espectral, àquilo que, na nossa experiência, não é nem inteligível, nem sensível, nem visível, nem invisível, e que tanto diz respeito à linguagem quanto à telecomunicação.

BM — O que o levou a falar de uma lógica espectral?

JD — O tema do espectro já está nos meus livros anteriores. O espectro é uma estrutura que resiste às oposições metafísicas. Não é nem sensível, nem inteligível, nem vivo, nem não-vivo. Portanto, tem uma afinidade com quase todos os conceitos que me interessaram no meu trabalho: a graça, o "pharmacon", o "suplemento", tudo que resistia às oposições conceituais da filosofia clássica. A espectralidade foi o viés estratégico da "desconstrução". Tratava-se de encontrar uma categoria que resistisse às categorias filosóficas. Já faz muito tempo que me interesso pelo trabalho do luto na psicanálise e para além da psicanálise. Escrevi sobre o assunto em *Glas* e em certas introduções a obras de psicanálise. Quando a gente se interessa por este trabalho, tem de se ocupar do retorno do fantasma. Procurei mostrar, a partir de Freud e contra ele, que o trabalho de luto é interminável. Foi, portanto, a partir de uma reflexão sobre o luto que cheguei a privilegiar a espectralidade e, em *Espectros de Marx*, a gente encontra muitos fios de pensamento já bem antigos.

Derrida lê a segunda questão, que diz respeito à razão pela qual ele se refere a Shakespeare em Espectros de Marx. *Lê e logo responde:*

JD — Shakespeare é uma referência de Marx, que o cita sempre. Mas as obras que ele cita não são as que eu privilegio em *Espectros de Marx*. Ele cita sobretudo *Timão de Atenas, O mercador de Veneza*... Ao que sei, ele não fala de *Hamlet*. Achei necessário considerar o interesse de Marx por Shakespeare, porém também fui a este por causa da lógica da espectralidade. Há muitos espectros na obra de Shakespeare. Em *Hamlet*, em *Macbeth*.

BM — O que o recurso a Shakespeare significou para o senhor?

JD — Difícil responder a isso numa entrevista...

BM — Bem, então vamos passar à próxima pergunta.

Digo isso me referindo à terceira questão, que está na folha de papel, em cima da mesa e na frente de Derrida.

JD — Não, não... Há muito a dizer sobre o recurso a Shakespeare. Mas deste modo eu não consigo falar.

BM — Hum...

JD — Interessei-me, por exemplo, pelo que chamo de *efeito de viseira* no fantasma do rei, do pai de Hamlet. O *efeito de viseira* diz respeito ao fato de que o fantasma vê sem ser visto, por usar uma viseira. Tentei, a partir daí, pensar o que é uma situação em que a gente é olhado sem poder olhar, uma situação espectral. Também me interessei pelo fato de que o tempo de *Hamlet* é difícil de se calcular porque primeiramente o fantasma aparece na peça, pela segunda vez. A coisa começa pela repetição. Por fim, há algo que *Hamlet* diz e que organiza *Espectros de Marx*: "The time is out of joint", o tempo está disjunto. Trata-se do tema da disjunção, da não-contemporaneidade a si mesmo, é um tema maior nesse livro que se quer não-contemporâneo. Escrever um livro falando de Marx hoje pode parecer anacrônico e eu procuro justificar este anacronismo por meio da disjunção, do *out of joint*. Mas, diga, quanto tempo nós temos?

BM — Em princípio uma hora, mas depende do senhor.

JD — Uma hora é muito. Veja (*mostrando a agenda repleta*), eu tenho um outro encontro marcado para daqui a pouco.

BM — Bem, então nós faremos o que for possível.

JD — Mas eu não tenho condições de dar a entrevista, eu escrevo tão melhor do que falo...

Desligo o gravador para deixá-lo à vontade. Logo depois ele retoma a palavra.

JD — Mas você vai me mostrar o texto?

BM — Claro, posso até escrever em francês primeiro, se o senhor fizer questão disso.

JD — Não, não precisa, pode ser em português.

Derrida passa a ler a questão seguinte. Nela pergunto se ele diria que o filósofo deve se ocupar do espectro como o psicanalista se ocupa do recalcado.

JD — Claro que o espectro é alguém que nos fascina e a gente tenta reprimir, recalcar. No entanto, não sei se a categoria psicanalítica esgota o problema. Tento pensar a dimensão política de tal recalque. Por outro lado, no fim do livro, eu me coloco uma série de questões sobre a maneira como Freud trata o fantasma e o que diz do *unheimlich*. Trata-se de levar em conta uma leitura psicanalítica do espectral e também de colocar questões sobre as categorias psicanalíticas, que devem ser reelaboradas e politizadas. Você opõe, na sua pergunta, o filósofo e o psicanalista, mas o psicanalista também trata do espectro.

BM — Claro, mas foi o senhor que organizou o seu pensamento a partir da figura do espectro.

JD — *Espectros de Marx* não é um livro filosófico, simplesmente. Por várias razões. Primeiramente, porque desconstrói uma série de axiomas filosóficos. A própria filosofia não foi capaz de pensar o espectro. É preciso pensá-lo contra a filosofia. Por outro lado, queria protestar contra uma corrente atual que quer tratar Marx como um grande filósofo e estudá-lo na universidade. Trata-se de uma maneira de neutralizar Marx, de fazer dele um personagem da Academia Filosófica. Não é só uma leitura de filósofo que eu faço, é uma leitura que protesta contra certa reapropriação filosófica de Marx.

Digo a Derrida que ele já está respondendo à minha pergunta seguinte, que trata justamente de saber o que significa a volta ao espírito de Marx. Derrida lê a pergunta de novo na folha que está à sua frente e responde.

JD — Insisto em dizer que não é um retorno a Marx, mas que se trata do retorno *de* Marx. Não se trata de um desses tantos retornos a mais, em que a gente vai redescobrir uma obra. Trata-se de levar em conta o fato de que Marx retorna e que a gente não pode resistir ao que este retorno nos dita, nos impõe. Por outro lado, esse retorno *de* é o retorno do espírito ou do espectro, de determinada maneira de colocar as questões críticas, sem necessariamente reabilitar as teses de Marx. É preciso distinguir o espírito da letra. Questionar com o espírito de Marx não quer dizer reaplicar dogmaticamente a doutrina de Marx, voltar a uma ortodoxia marxista. Nunca fui e nem me tornei marxista.

BM — Sim.

JD — Marx, o pensamento marxista, foi um dos poucos que fez da abertura crítica uma palavra de ordem.

BM — Isso é verdade.

JD — Trabalhar com o espírito de Marx também significa não ficar no interior de uma dogmática marxista e tentar pensar o inédito do nosso tempo com certo espírito, que eu também chamo de espírito de justiça, e nos vem de Marx. O espírito diz respeito à espectralidade, porém também a uma incitação que não nos paralisa numa letra dogmática, num dogma literal, numa doutrina.

BM — Isso tem algo a ver com o estilo de Marx?

JD — Com o estilo, no sentido literário, não. Tem a ver com o modo de colocar as questões, uma certa vigilância em relação a certas maneiras que os homens têm, na sociedade, de esquecer, dissimular, fetichizar.

BM — Que proposições de Marx o senhor mantém e que outras recusa?

JD — Em nome do espírito de Marx, eu me proponho, no livro, a desconstruir todas as proposições de Marx. Alguns marxistas dizem que não sobra nada de Marx. É bem possível que a ontologia de Marx, todas as suas teses filosóficas, o materialismo dialético, a maneira como ele próprio tenta conjurar o fantasma requeiram a desconstrução. Não guardo um conteúdo de tese marxista. Não retenho nada desse ponto de vista. Enquanto ontologia, a filosofia de Marx me parece desconstruível.

BM — E o que o senhor pensa da luta de classes e da dialética?

JD — Tenho uma relação complicada com a dialética. É muito difícil explicar isso numa entrevista, você sabe...

BM — Trata-se de uma questão que interessa aos leitores...

JD — Eles que leiam o livro. Não consigo explicar isso numa entrevista.

BM — Eu o entendo perfeitamente bem.

Digo isso e fico em silêncio. Derrida lê as perguntas e subitamente diz: "Não, eu não posso. Aliás eu não posso mais nada. Isso tudo é muito difícil, não me sinto capaz... Acho que nós devemos parar." Pela segunda vez eu desligo o gravador e sugiro uma pausa, um café. Derrida não diz nem sim nem não e eu volto a ligar o gravador, tomando inutilmente a iniciativa.

BM — Numa das suas entrevistas, o senhor lembrou que posições de esquerda podem se aliar a posições de extrema direita. Por causa de inquietações legítimas a respeito da política econômica dos Estados dominantes da Europa, uma certa esquerda se aliou a um antieuropeísmo extremo. Ainda tem sentido falar de esquerda e de direita?

JD — Não, eu não posso responder, é muito difícil.

Silêncio.

JD — Não posso e não é só porque esteja cansado, é porque é difícil. Queira me perdoar.

Recupero a folha de papel que está na frente dele, leio a questão seguinte e faço uma última tentativa.

BM — A exploração da xenofobia pela classe política parece estar na base dos grandes conflitos da modernidade. Como lutar contra ela?

JD — Sou contra, mas não tenho nada a dizer, não vou ficar aqui fazendo frases. Não devia ter prometido a entrevista porque não me sinto capaz.

Silêncio.

JD — O que eu posso dizer a respeito disso está no livro.

Derrida pega novamente a folha onde estão as questões e eu agora protesto.

BM — Não vejo por que o senhor quer ler. Seria melhor que eu lhe colocasse as questões.

JD — Quem redigiu isso?

BM — Fui eu.

JD — É muito difícil.

BM — Gostaria pelo menos que o senhor me desse uma resposta relativa à questão da pertinência dos conceitos de esquerda e direita.

JD — Não, não...

BM — O senhor não responde às questões que dizem respeito à política.

JD — Não porque seja política. Não vou dizer que não existe mais esquerda e direita porque é uma armadilha em que eu não quero cair. São coisas que não suportam a improvisação. Me aborrece ter de fazer você voltar, mas eu francamente não me sinto capaz. Se eles lá no jornal quiserem, que escrevam sobre o livro. Eu... eu não posso.

Desligo pela terceira vez o gravador e digo a ele que me disponho a voltar num outro dia, ainda que isso implique viajar quinhentos quilômetros. Derrida quer saber para onde vou. Respondo que vou passar uns dias no interior da França escrevendo. Inesperadamente, ele resolve continuar a falar e aborda a questão da luta de classes e da dialética.

JD — O gravador está funcionando? Vamos tentar. No que concerne à luta de classes, procurei mostrar que o esquema da luta dos antagonismos e da dominação de uma força social por outra é irredutível. Numa dada situação social, existem relações de força, de dominação, e estas relações estruturam a sociedade. Dizer isso significa não renunciar à idéia de conflito, mas não significa definir os termos dessa luta com base no conflito de classes sociais. O conceito de classe social hoje precisa ser retrabalhado. Ainda existem as classes sociais, mas o uso que o discurso marxista tradicional faz do conceito de classe social talvez deva ser revisto. Acho que não é necessário se servir do conceito de luta de classes, na sua tradição marxista, para analisar hoje as lutas, as hegemonias, as contradições, as relações de força que, por não serem as das classes, não deixam de ser de uma estrutura de grupo, que a gente pode analisar com um espírito marxista. Não se trata de conservar ou de abandonar o conceito de luta de classes, basta adaptá-lo a uma nova situação político-econômica. Quanto à dialética marxista, é preciso dizer que a expressão materialismo dialético não está em Marx. Por outro lado, como muitos pensadores franceses, eu questionei a dialética. O que existe de estritamente dialético em Marx não é o que mais me interessa. Assim, mesmo se num determinado momento existirem conflitos não-dialetizáveis, o pensamento dialético pode ainda ser muito fecundo. O meu trabalho, tanto nesse livro quanto nos anteriores, é interrogar sobre a necessidade e o limite da lógica dialética.

Tendo desistido de seguir o meu roteiro, eu coloco as questões que me ocorrem em função do que ele diz.

BM — O senhor fala de uma Nova Internacional. Quem vai fazer parte dessa Nova Internacional e como ela vai se organizar?

JD — O que eu chamo de Nova Internacional, brincando com esta expressão, implica detectar através do mundo, fora dos partidos, fora dos sindicatos, uma aspiração a uma solidariedade internacional que reúna homens e mulheres que não são necessariamente cidadãos de um Estado ou sujeitos políticos no sentido tradicional da palavra político. Tal solidariedade exige uma transformação do Direito Internacional e da democracia, que hoje não se afina com o conceito de Estado-nação, de fronteira e nem com um direito internacional de instituições internacionais, que são, por um lado, regidas por categorias européias criticáveis e, por outro, são dependentes dos Estados Unidos. A gente pode detectar a aspiração por meio de muitos sinais — ela forma uma espécie de solidariedade. Embora não tenha forma organizacional, ela perturba as instituições ligadas ao Estado. Existe uma força internacional que hoje é obscura e ainda não encontrou a sua linguagem.

BM — O que tem isso a ver com o Parlamento Internacional dos Escritores, que se reuniu no ano passado em Estrasburgo, em função do caso Rushdie, e do qual o senhor participa ativamente?

JD — Trata-se de um parlamento que tenta, para além dos Estados, das economias, dos poderes da mídia, unir todos os que procuram pensar livremente, inventar formas novas, se engajar em vias não-controladas por dogmas, constituições, ortodoxias nacionais, lingüísticas ou religiosas.

BM — Qual a finalidade da reunião do Parlamento Internacional de Escritores em Lisboa este ano?

JD — Vamos trabalhar juntos. O tema da reunião será a literatura deslocada.

BM — O que é a literatura deslocada?

JD — Hoje, mais do que nunca, muitos escritores, pensadores, jornalistas, pessoas que representam a liberdade de palavra, estão ameaçados de morte, ostracizados, foram expulsos do seu país ou, às vezes, obrigados a se esconder no interior do mesmo, a se autocensurar. Por que tanto exílio no exterior e no interior? Por que os escritores, os que inventam formas e trabalham com a linguagem estão assim tão visados?

BM — O que tem a autocensura com a mídia?

JD — A mídia, seja ela estatal ou livre, é controlada por monopólios de interesse comercial, ela é dirigida pelo mercado.

BM — Que efeito tem isso sobre o trabalho do escritor?

JD — A mídia é a mediação entre o escritor e o leitor, é um poder que avalia, classifica, sustenta ou marginaliza e, conseqüentemente, limita a autonomia de criação. Os escritores começam a escrever apenas o que o mercado vai absorver. A onipotência do mercado exerce um efeito de autocensura, sem falar das censuras ainda mais graves como as que pesam sobre Salman Rushdie, sobre os escritores que, na Índia ou em outros lugares, estão ameaçados de morte. No Parlamento Internacional vamos refletir a respeito das condições novas destas perseguições, de seus agravamentos atuais. O escritor sempre teve problemas com o poder estatal ou religioso, mas hoje isso se passa em condições diferentes.

BM — Trabalhar no Parlamento é uma forma de ser um intelectual engajado?

JD — A palavra engajado tem uma história. Quando a gente se diz engajado, corre o risco de evocar modelos anteriores, e o engajamento hoje deve encontrar formas novas. Mas o trabalho no Parlamento é uma forma de engajamento, claro.

BM — Obrigada pela entrevista.

JD — Isso basta? O material é suficiente?

BM — Acredito que sim. Agora é redigir a entrevista e pedir uma foto ao seu editor.

JD — Se você quiser, eu posso lhe dar uma foto.

Catherine Millot

Psicanalista — membro da Escola Freudiana de Paris, fundada e dissolvida por Jacques Lacan —, filósofa e ensaísta, Catherine Millot publicou vários livros, entre os quais *A vocação do escritor*, pelo qual é conhecida. Nasceu na França e vive em Paris, onde clinica e leciona na Universidade de Paris VIII.

O que leva um escritor a escrever, viver só com as palavras durante dias e noites, erguer-se do nada, como afirmava Clarice Lispector? Por que se exercita ele anos a fio no seu ofício, independentemente até de ser editado, como Fernando Pessoa, que só viu algumas poucas de suas obras publicadas e morreu ignorado pelo grande público? Que gozo haverá na escrita para que o sujeito suporte a solidão, o anonimato e, em certos casos, a mais completa miséria?

O motivo pelo qual se escreve é a questão-chave de A vocação do escritor*, *um modelo de ensaio não-dogmático, onde Catherine Millot focaliza Proust, Flaubert, Colette,*

**La Vocation de l'Écrivain.* Paris, Gallimard, 1992.

Sade, Hoffmansthal, Joyce, Mallarmé e Rilke, procurando explicar estes destinos em que a escrita determinou o curso da vida.

A propósito daquele livro, Catherine Millot deu-nos uma entrevista no seu apartamento de Paris.

BM — O que a levou a escrever *A vocação do escritor*?

CM — Sempre fui uma leitora assídua e desde cedo quis saber como alguém se torna escritor, por que e como. Já na infância os meus heróis eram os escritores.

BM — Por que o escritor escreve?

CM — Trata-se da questão central do meu livro. Não quis dar a ela uma resposta unívoca porque uma resposta que valesse para todos não seria interessante. A resposta só interessa se considerada a maneira como as coisas se passaram para cada um em particular. Por isso focalizei os escritores um a um. É verdade que, ao iniciar o livro, tinha uma idéia sobre o que leva alguém a se tornar um escritor, mas preferi não fazer uso dela.

BM — Que idéia?

CM — A de que o escritor vive uma determinada experiência que poderia ser qualificada de mística, se ela não acontecesse num contexto exterior ao da religião, a experiência de algo enigmático, que o sujeito procura decifrar escrevendo. Isso eu encontrei sobretudo nos poetas, em Rainer Maria Rilke, por exemplo, que fala do "espaço interior do mundo", uma experiência de abolição da fronteira entre o dentro e o fora. Também verifiquei a idéia no caso de Joyce, que coloquei entre os poetas por causa do que ele chama de "epifania", o momento em que uma coisa manifesta sua essência. Trata-se de uma experiência de tipo místico-estético.

BM — Por que o termo vocação no título do livro?

CM — Pela devoção do escritor, que pode sacrificar as relações amorosas e familiares para se consagrar inteiramente à obra. Isso é um enigma. Existem pessoas para quem escrever importa mais que qualquer outra satisfação, seja ela amorosa, como no caso de Flaubert, ou da vida de família, como no caso de Colette, que falava muito da filha, mas quase não se ocupou dela, de Rilke, que, apesar de casado, viveu muito sozinho porque só podia escrever na mais completa solidão. Joyce nunca se concebeu sem Nora e ele é uma exceção, mas era tão marginal quanto os outros.

BM — Você focaliza vários no seu livro, entre os quais o Marquês de Sade. Por que o Marquês escrevia? De que lhe servia a literatura?

CM — Pode-se dizer que Sade escreveu porque esteve na prisão, mas também faz sentido dizer que ele esteve na prisão justamente por ser escritor. Numa certa altura da vida foi preso porque suspeitavam de que havia escrito livros escandalosos.

BM — Que relação existe entre a perversão de Sade e o seu trabalho literário?

CM — O gozo se realiza através da obra precisamente porque na vida ele não é possível. No caso de Sade, a realização do gozo é explícita, no dos outros escritores é mascarada, porém é sempre da mesma coisa que se trata, e é essa, aliás, a principal idéia do meu trabalho. Mostro no livro que o estilo é uma atualização da fantasia inconsciente do autor.

BM — Será que você poderia explicitar mais isso?

CM — A idéia de que o estilo é uma realização da fantasia inconsciente pode ser facilmente verificada na obra de Flaubert, se confrontarmos os textos da juventude e os da maturidade. Nos textos da juventude encontramos situações masoquistas, como a de alguém que sofre terrivelmente e morre por causa da indiferença de um personagem todo-poderoso. Trata-se de uma variante de uma fantasia masoquista, a de não ser compreendido, não ser amado. O sujeito aparece, por assim dizer, esmagado.

Ora, examinando as obras da maturidade, a gente encontra uma série de traços estilísticos que dão consistência ao esmagamento do sujeito. Quando, por exemplo, o sujeito é um ser humano, o verbo está na voz passiva. Tratando-se de um objeto, Flaubert utiliza a forma ativa. Os traços estilísticos da fantasia masoquista têm o seu contraponto na intriga de *Madame Bovary*. A Bovary vai ficando cada vez mais atolada nas dívidas e acaba se suicidando, ela é um objeto passivo do funcionamento social e econômico.

BM — O seu próximo livro tratará das perversões. Em que medida a modernidade tolera a expressão das perversões?

CM — Na medida da rentabilidade.

BM — Madonna, no fim de *Sex*, agradece a Sade. Mas, contrariamente ao Marquês, que incita ao crime em nome da libertinagem, ela só legitima as fantasias de violência desautorizando a violência física na realidade. O que diria Sade do agradecimento de Madonna na sua opinião?

CM — Sade faz a apologia do crime teórico. As fantasias em que os crimes são executados só aparecem na obra dele. Na realidade, não matou ninguém. Quando muito, chicoteou um gato. Durante a Revolução, fez parte de uma Seção Revolucionária e votou contra a pena de morte. Também fez o possível para salvar a vida da sogra, que queria encarcerá-lo na Bastilha. Sade disse que os piores momentos da sua existência não foram os vividos em alguma torre ou fortaleza, mas os momentos em que viu as pessoas indo para a guilhotina.

BM — Para Madonna, o sexo é um brinquedo. No final do álbum que acaba de lançar se lê: "Sex was like a game to her. Her body was more like a fun gun." (O sexo era como um brinquedo para ela. O corpo dela era como um revólver de brinquedo.) O que um libertino diria disso?

CM — Um libertino jamais diria que o sexo é um brinquedo. O sexo tem conseqüências, queira ou não, tem doença venérea, Aids e, para Sade, o sexo implicou a cadeia. A prova de que não é um jogo é Sade ter passado trinta anos da sua vida encarcerado e ter morrido num asilo, o de Charenton.

Alain Didier-Weill

Alain Didier-Weill nasceu em 1939. Fez medicina e se formou em psicanálise com Jacques Lacan, de quem foi um dos interlocutores privilegiados. A convite do mestre, fez longas intervenções no seu seminário e por isso se destacou no movimento psicanalítico dos anos 70. Depois da dissolução por Lacan da Escola Freudiana de Paris, de que Didier-Weill era membro, ele criou com outros colegas Le Coût Freudien e participou da fundação do Interassociativo, que hoje reúne mais de vinte associações européias. Além de psicanalista, é autor de várias peças de teatro, entre as quais *O banco e Pol*, que recebeu o prêmio da crítica parisiense em 1975 e foi representada em Dublin, Lyon, Montreal e Nova York.

Talvez por ser também um artista, Alain Didier-Weill lançou um livro de psicanálise, Os três tempos da lei*, *que surpreende pela absoluta originalidade. Didier-Weill ousou fazer o que*

**Les trois temps de la loi.* Paris, Seuil, 1995.

as associações psicanalíticas tendem a impedir e a psicanálise preconiza: renovar.

A partir da sua obra, já não há como ignorar a importância da surpresa, em torno da qual o autor faz girar a teoria psicanalítica, mostrando, por exemplo, que o homem não pode dispensar o jogo e tampouco a arte porque ele precisa se surpreender. Os três tempos da lei *torna claro que a verdadeira referência da psicanálise é a arte e que é preciso desconfiar dos que se dizem psicanalistas e são dogmáticos. Alain Didier-Weill talvez tenha chegado para dizer, como Edouard Manet, que o fundamental é não fazer de novo o que já foi feito pelos outros, é autorizar-se a invenção.*

Para ouvir este psicanalista surpreendente, fui ao Rio de Janeiro, onde ele fazia uma série de conferências a convite da associação O Corpo Freudiano.

BM — Você diz no seu livro que nós precisamos da arte e do jogo para podermos nos surpreender. Como você explica esse gosto pela surpresa?

AD-W — Precisamos reencontrar a possibilidade de nos surpreender que tínhamos na infância. A surpresa é a irrupção na vida cotidiana de uma experiência que nos priva do que já sabíamos.

BM — Mas por que isso é importante?

AD-W — Nós, que idolatramos o nosso saber, descobrimos com a experiência da surpresa que gostamos de ficar despossuídos do saber. O homem tem a nostalgia da infância, da época em que se surpreendia com todas as coisas e deparava com a novidade absoluta.

BM — O que mais o surpreende no Brasil?

AD-W — A bossa nova. Há no ritmo da bossa nova — tão contrário ao do tango, que nada tem de surpreendente — uma relação com o tempo que permite cantar sem gritar, como os roqueiros. A bossa nova dá vontade de dançar. A maneira como as mulheres brasileiras andam também me surpreende, é uma dança que vai se esboçando. Eu me pergunto ainda por que há tantos travestis nesse país. Trata-se de algo que eu não compreendo.

BM — Você dedica o seu livro a Jacques Lacan, que você também chama de a nota azul...

AD-W — Dediquei o livro ao meu mestre e à minha amante, a música. Achei interessante associá-los. A nota azul remete ao *blues*, claro, mas a idéia de associar a nota de música a uma cor me ocorreu ao ler uma carta de Chopin, em que ele fala da nota azul como uma nota especial porque propicia o máximo de surpresa.

BM — Será que você poderia falar da relação existente entre o psicanalista e o músico?

AD-W — Como psicanalista nós vivemos no mundo das palavras e trabalhamos com elas. Mas as palavras têm os seus limites. Não conheço, por exemplo, uma interpretação que possa curar uma melancolia ou um delírio. Um analista deve poder ouvir, além das palavras, a música da voz do analisando. Trata-se de algo que não se pode ensinar. Um dia um analisando me contava uma história muito triste, mas ao mesmo tempo me fazia ouvir, através da música da sua voz, uma grande alegria. E eu ri. Com o riso, que obviamente não era de zombaria, a pessoa ficou aliviada. Quando eu ri, restituí ao analisando uma alegria que ele tinha mas não escutava.

BM — Você é psicanalista e dramaturgo. Isso não é habitual. O que significa se dedicar à psicanálise e à arte?

AD-W — Não existe uma contradição. Na cura analítica a gente tenta apreender, para além da prosa, as palavras que são verdadeiramente as do sujeito, as palavras que o constituíram e eu chamo de o poema de cada um. E, quando o sujeito encontra este poema, pode dar continuidade ao mesmo. O que nós temos de melhor são as palavras do poema que nos criou e nada têm a ver com o discurso universitário.

BM — Depois da dissolução da Escola Freudiana de Paris você participou da criação do Interassociativo. Por que e como nasceu este movimento?

AD-W — Quando Lacan dissolveu a Escola Freudiana de Paris, apareceram doze associações que, durante muitos anos, ficaram isoladas, à procura da sua identidade. Quando esta foi conquistada, surgiu a necessidade de estabelecer uma relação entre elas, construir uma passarela. O diálogo interassociativo evoluiu e nós resolvemos oficializá-lo, criando o Interassociativo, que hoje reúne vinte associações européias. A idéia é de criar uma comunidade de psicanalistas que não estejam ligados por um discurso uníssono. Queremos manter a heterogeneidade de concepções.

BM — Qual é o futuro da psicanálise, na sua opinião?

AD-W — Temo o pior e espero o melhor. A psicanálise que Freud nos transmitiu, a da descoberta do sujeito do inconsciente, é o oxigênio de que hoje precisamos, mas ela é algo perecível. Como, aliás, o discurso da tragédia na Grécia, que só durou um século. Com a aparição do discurso filosófico, o da tragédia sumiu de circulação. Só voltou com Shakespeare, muitos séculos depois. Algo de comparável pode se passar agora com a psicanálise. Por isso eu me empenho em transmiti-la e sou extremamente grato a Lacan, não porque ele tenha feito o retorno a Freud, mas porque nos mostrou como cada analista pode fazer o retorno, à sua maneira.

Alain Emmanuel Dreuilhe

Alain Emmanuel Dreuilhe nasceu no Cairo em 1949. Durante a infância e a adolescência viveu no Camboja e depois no Vietnã. Cursou em Paris o Instituto de Estudos Políticos e escreveu uma tese sobre Marcel Proust e os nacionalismos. Instalou-se em 1977 nos Estados Unidos, onde viveu até a sua morte no começo dos anos 90.

Guerra ao invasor! Guerra ao vírus! A palavra de ordem é de Alain Emmanuel Dreuilhe, um aidético que do diário de sua doença fez uma obra-prima: Corpo a Corpo*.

Dreuilhe perdeu o companheiro. Presenciando sua agonia e morte, topou com a indiferença e até mesmo a repugnância dos outros. Brotaram o ódio, o desejo de revanche e o livro contra a descrença dos médicos na possibilidade de resistência e contra a estigmatização dos homossexuais. Ao veredicto de morte, Dreuilhe opôs o seu grito de vida, Corpo a corpo, *cujo texto reproduzi nas respostas de uma entrevista imaginária que, algum tempo*

**Corps à Corps.* Paris, Gallimard, 1988.

depois de editada, me valeu uma resposta do autor, aqui publicada como adendo.

BM — Se eu não tivesse lido o seu livro, continuaria apenas a me encolher toda à simples menção da Aids. Você escreve que vive com ela, e eu agora, depois da leitura, vou poder viver com o medo, não mais entrar em pânico. O terror na sua opinião é o resultado de quê?

AED — Quem fala do aidético, fala dele como se já estivesse morto. O inimigo não é tanto o vírus em si, mas a convicção inquebrantável da mídia, da opinião pública, do meu pai, de todos os meus amigos, de que a Aids é uma doença rapidamente fatal e sem remédio.

BM — Isso não é enlouquecedor?

AED — A Aids talvez seja, sobretudo, uma doença mental; não tanto porque o vírus pode afetar o nosso cérebro e, sim, porque o isolamento e a angústia em que nos obriga a mergulhar fazem de nós alienados.

BM — O que podem os psicanalistas fazer pelos aidéticos?

AED — O choque provocado pela minha doença me levou a consultar um psicanalista. Foi ao longo da terapia que me ocorreram todas as metáforas guerreiras; eu comecei a raciocinar como estrategista ou guerrilheiro.

BM — O que mais me impressionou no seu texto foi você ser menos a vítima do que o combatente, exprimir a dor para mais entoar árias marciais contra o vírus invasor, melhor se defender. O que o levou a lutar assim por este seu corpo que agora só o faz sofrer?

AED — O corpo é uma pátria na qual crescemos. A pátria nos decepcionou, às vezes; no entanto, estou pronto a tudo, como os resistentes, para não aceitar o jugo do vírus. O importante é se valer do espírito da guerrilha e inverter os papéis. Considerar que os impostores tomaram o poder no meu corpo, que a autoridade do vírus é ilegítima e partir para a reconquista do moral e do próprio terreno biológico. Cabe à Aids evacuar! Por ora o inimigo está por cima, porém a resistência está se organizando. Trata-se somente de ganhar tempo até o dia do desembarque na Normandia dos sábios americanos.

BM — Ganhar tempo é a palavra de ordem, só que para poder obedecê-la é preciso que o sujeito aceite a vida sem garantia. A vida aliás não dá garantia alguma, mas nós fazemos de conta que sim. O aidético, como o soldado, é forçado a encarar a verdade, e você, para suportar isso, invocou e declarou a guerra. O fato de ser um francês e pertencer a uma tradição guerreira foi decisivo para que passasse ao ataque? A França teria se imposto para fazê-lo reagir?

AED — Sim, esta França que eu acreditava ter rejeitado voltou com toda a força. Qual mãe que, ao saber da minha doença, tivesse se precipitado para me acudir. A cultura francesa e o meu corpo, de que eu aproveitava como um ingrato, são os dois pilares que ainda estão em pé e nos quais procuro fincar solidamente a minha fúria de viver para que o rio lamacento da Aids não me leve.

BM — O que é preciso fazer para resistir?

AED — Os que se tornam doentes devem esquecer quem são, tudo o que foram até então, despojar-se de suas vestes e aprender a viver segundo os cânones do exército. É preciso que eu esqueça todos os meus reflexos do tempo de paz... Para sobreviver é preciso morrer para si mesmo e moldar uma outra mentalidade, agressiva e resolvida, austera e disciplinada... Se a nossa pessoa de antes da guerra não morre, nós é que morremos.

BM — Guerra é guerra...

AED — Trata-se da Terceira Guerra Mundial. Cento e sessenta e cinco países — segundo a Organização Mundial da Saúde — entraram em guerra, e este novo vírus, que não tinha existência oficial até que as suas primeiras vítimas caíssem, é como uma nova guerra, uma redistribuição das cartas, um realinhamento dos cordões sanitários que perturbam a situação internacional. Nosso *front* russo, afastado mas crucial há quarenta anos, é agora o Zaire, as Filipinas ou o Brasil, todos às voltas com um inimigo comum, mais ou menos capazes de se defender, segundo o seu grau de desenvolvimento e organização. A imprensa nos informa constantemente dos avanços e recuos dos diversos *fronts*, tem tendência a insistir nas atrocidades cometidas pelo inimigo e sabota o nosso moral.

BM — O terror é o que mais fortifica o inimigo?

AED — Claro. Se até mesmo os nossos chefes ou médicos mostram que duvidam de nossa coragem ou de nossa força moral ou física, como poderíamos acreditar na vitória? Nos Estados Unidos, a maioria dos médicos se contenta com pouco, basta-lhes prolongar a guerra. Vejo tantos camaradas em cuja sobrevida o próprio médico não acredita. Mais do que a nossa imunidade, é a nossa confiança que o vírus destrói.

O terror da sociedade não-aidética pode levá-la a adotar medidas draconianas, a esquecer que os aidéticos são ainda seres humanos e a doença não mata tão rapidamente quanto os mais aterrorizados gostariam.

BM — O estranho entre esses não-aidéticos, que você aliás chama de arianos da imunidade, é eles não perceberem que tudo já mudou, todos nós somos feras feridas. A espécie se classifica em sadios, potencialmente doentes e doentes. Uma dúvida atroz atormenta os não-doentes. Os ditos sadios podem ter certeza de que o são sem o teste? De continuarem a ser após transa com parceiros não-testados? Só quem não transa sem conhecer a ficha médica do outro não corre risco algum. Ou só quem não teve nenhuma relação extraconjugal nos últimos dez anos. Isso significa que nós nos tornamos policiais do sexo e prisioneiros do medo que ele inspira. O tempo agora é do encarceramento voluntário! Nós, que havíamos conquistado a liberdade sexual, devemos viver isolados. Nós, que dispomos da pílula anticoncepcional e da nova pílula francesa contra a gravidez indesejada... O paradoxo é absoluto, a nossa situação, surreal! São os velhos que se tornaram menos mortais, os que já não transam que mais têm o futuro diante de si. O teorema da modernidade é absurdo: A EXPECTATIVA DE VIDA É DIRETAMENTE PROPORCIONAL À IDADE. No limite desta insensatez, teremos uma primavera só de árvores secas!

A saga da Aids é de todos, embora os homossexuais sejam estigmatizados. Por que não protestaram contra a estigmatização?

AED — Mais do que os cancerosos ou os outros doentes, os aidéticos homossexuais ou drogados se acreditam culpados por causa do seu modo de vida passado, de suas ações, que lhes parecem ainda imorais porque a maioria recebeu uma educação tradicional de que não pode se livrar completamente. Imaginem uma criança judia, educada numa escola católica, cujos professores criticassem constantemente os seus ancestrais por terem crucificado Cristo. Como se sentiria ela digna de viver se adoecesse e fosse entregue àqueles bons católicos? É o que acontece com os homossexuais educados numa sociedade heterossexual que não está pronta a lhes perdoar o estilo de vida — estão errados por princípio. Se a natureza lhes declara guerra, têm poucos aliados e devem contar consigo mesmos... O primeiro reflexo dos grupos estigmatizados, como os judeus, é o de se considerarem vencidos, quase culpados, subirem sem protestar nos vagões blindados dos nazistas. Igualmente, muitos aidéticos não se revoltam e acham que de algum modo o seu destino se cumpre e eles devem pagar pela sua diferença. Com os judeus ontem, com os aidéticos hoje, as autoridades agiram denotando o mesmo incômodo. Fiquei gélido com a indiferença, o desprezo de muitos heterossexuais, que, à maneira dos pequenos-burgueses alemães, vagamente anti-semitas, viam os seus vizinhos judeus serem levados e não intervinham, talvez por medo, mas também porque tendiam a ver na ação dos nazistas uma certa justiça...

BM — Você certamente ignora o que ocorre no Brasil. O nazismo aqui não é uma metáfora. No Rio de Janeiro setenta por cento dos hemofílicos e dez por cento dos operados que receberam transfusão são soropositivos. O controle do sangue sendo quase inexistente, o vírus é sistematicamente inoculado. As autoridades locais se tornaram nazistas por omissão; alegam, para se defender, que não têm como acabar com a máfia dos bancos de sangue clandestinos controlados por contraventores e políticos conservadores, porém sequer fiscalizam os bancos de sangue oficiais. Em vez de combater a Aids, acusam a direita de disseminá-la. Nesse meio-tempo, o vírus ataca pela direita, ganha território e vai tomando o nosso corpo, já supliciado pela fome e pela seca. O Brasil é nosso, dizem as tais autoridades que, não tendo sido capazes de criar uma democracia política, conseguirão democratizar a Aids. O vírus para todos. Serão elas discípulas locais do inoculador de Auschwitz, o Dr. Mengele, que aliás se escondeu e foi enterrado aqui? O meu humor é negro porque não me resta outro diante da cena que antevejo, aidéticos abandonados entre os deficientes da subnutrição e os retirantes da seca... Até que um dia o sertão vai virar mar e a palavra de Glauber Rocha se cumprirá. Por ora precisamos inventar maneiras de resistir. Você também resiste escrevendo, não é?

AED — Desde que comecei o livro, a doença não se agravou. A escrita, mais ainda do que a terapia, me fez compreender a complexidade dos sentimentos que minha situação fazia nascer em mim. Tenho a satisfação profunda de não ter cedido um centímetro de terreno fisiológico e ter desnudado certos mecanismos da máquina infernal.

BM — Ter defendido vigorosamente a sua "pátria homossexual"...

AED — Se eu morrer de Aids será por uma causa à qual não renunciei: a aceitação das minhas forças e fraquezas, o respeito pela minha homossexualidade e a dos outros, a celebração da minha personalidade, das escolhas que fiz, do amor, por mim e através de mim, por todos os seres humanos...

BM — Você arrancou a mordaça que lhe foi imposta para lembrar à cristandade de que ela um dia foi capaz de beijar o leproso... O vírus da Aids seria para você o vírus perverso da sabedoria?

AED — Talvez...

Adendo

Nova York, 2/3/88
Minha cara Betty,

Um amigo brasileiro me enviou o longo artigo que você consagrou ao meu livro Corpo a Corpo *e à nossa "entrevista imaginária".*

Acho que se trata de uma excelente idéia e que a sua tradução é bastante exata. Ocorreu-me que você gostaria de saber que eu não sou um fantasma, mas que estou vivo e (ainda) bem em Nova York.

O sucesso do livro, que está traduzido em seis línguas e deve sair nos Estados Unidos em setembro, me faz muito bem — não somente um bem narcísico porém terapêutico. A reação que você teve faz parte dos efeitos positivos da obra. Mais uma vez eu agradeço.

Gostaria de encontrá-la, se você acaso passasse por Nova York.

Até breve,
Alain Emmanuel

Hélène Cixous

Nascida na cidade de Oran, na Argélia, Hélène Cixous descobriu a França em 1955, ano em que afirma ter adotado uma nacionalidade imaginária, que é, aliás, a de vários outros escritores: a nacionalidade literária. Anglicista e especialista em Joyce, Hélène Cixous foi amiga de Jacques Lacan e o é de Jacques Derrida. Teve uma participação decisiva na formação da Universidade de Vincennes, onde criou o Departamento de Estudos Femininos. Sua obra literária é considerável: poesia, romance, teatro, ensaio. Divulgou a obra de Clarice Lispector na França e, em 1989, recebeu do Brasil a Cruz do Sul pela sua contribuição à difusão da literatura brasileira.

Embora publicada pela Gallimard em 1950, Clarice Lispector permaneceu desconhecida na França até 1976. Hoje é muito lida. Foi redescoberta, por um lado, graças a Éditions des Femmes, que readquiriu os direitos autorais da obra, e, por outro, graças ao trabalho apaixonado de análise e divulgação feito por Hélène Cixous, autora do *primeiro ensaio de fôlego publicado no exterior sobre a nossa autora*.*

Para saber um pouco mais sobre Clarice Lispector, fui ouvir Hélène Cixous, que me concedeu uma entrevista no seu apartamento de Paris.

BM — Foi necessário muito tempo para que a maior escritora brasileira fosse descoberta na França. Na sua opinião, a que isto se deve?

HC — Acredito que ela tenha sido vítima de um recalque causado por fatores tradicionais na França, que não é muito receptiva aos textos estrangeiros. Ademais, acho que a obra de Lispector é monumental, de uma profundidade e de uma importância inusitadas, e o estado da literatura francesa é tal que o leitor médio, o da mídia, do jornalismo, é pouco capaz de segui-la. Ela escreve textos que têm uma mensagem cujo teor é quase filosófico e isto não é aceito na França atualmente. Passamos por uma regressão extraordinária no mundo da literatura. Havia ainda, logo após a guerra, textos desta qualidade intelectual. Agora não há.

BM — Será que você poderia dizer o que torna Clarice Lispector tão difícil? O fato de ser um pensamento metafísico, o estilo, o quê?

HC — Tudo, eu acho. A começar pelo fato de ser uma mulher, de ter o *handicap* que nós conhecemos. Em seguida, eu diria que é o fato de escrever um texto inteiramente marcado pelo que poderíamos chamar de feminilidade libidinal; é uma intensidade que a torna difícil para a maioria dos leitores, que são classicamente misóginos. Penso sobretudo em textos como *Água viva,* modelo de inscrição de uma feminilidade libidinal no nível formal. É um texto que não começa, que não termina,

---

*L'Heure de Clarice. Paris, Éditions des Femmes,1989.

constituído de inúmeros começos, é uma enorme corrente de água, uma água viva, um texto onde não há limite, moldura, que pede uma leitura diferente. Uma leitura que seja uma aventura, como o próprio texto, em que é necessário mergulhar. Trata-se de um movimento que as pessoas não têm o hábito de fazer. Isso no nível formal. Mas ao nível do conteúdo é a mesma coisa, aquilo de que Clarice fala é absolutamente subversivo em relação à mentalidade média, ela sempre se interessa, por exemplo, pelo que há de menor, de mínimo. O maior, para ela, é o menor, o mais extraordinário; o sobrenatural é o natural etc. Enfim, ela inverte permanentemente os valores e explicita o seu projeto no momento em que o realiza e, assim, se opõe completamente ao sistema de valores clássicos. A ordem, a organização à qual todo mundo se refere, não existe. Se quisermos ler a história de alguém, não a encontramos. Aliás, ela sempre diz que não escreve histórias, e sim fatos simplesmente.

BM — É problemático falar de economia libidinal da feminilidade. Há quem diga que não existe uma escrita feminina. Seria possível explicar o que é esta economia libidinal da feminilidade?

HC — Não me refiro a uma oposição masculino-feminino, que reenviaria a homem e mulher. Mas, por razões de época, mantenho com aspas adjetivos como masculino e feminino para caracterizar as economias libidinais que podemos fazer surgir, observar, e que são diferentes. Vemos estas economias manifestarem modos de ser, quer na vida cotidiana, quer nas produções discursivas em geral.

BM — Como situar a diferença no texto?

HC — Nem sempre é clara. Mas se tomarmos, por exemplo, a questão dos gêneros na literatura, há uma economia libidinal literária que produz o gênero do romance, quer dizer, algo construído, organizado, apropriado, delimitado e que obedece a certas regras, tem um começo, um meio e um fim. Eu diria que são caixinhas e que a economia masculina se compraz em enquadrar, reter, ordenar um espaço. Em contrapartida, encontramos, numa outra economia, textos que não são caixinhas, que estão fora da moldura, não são passíveis de enquadramento, estão sempre em aberto e, contrariamente àquilo que se deixa enquadrar, existem num movimento, numa continuidade. Ocorre que são sobretudo as mulheres que produzem este tipo de texto, ao mesmo tempo jubilatório e angustiante, como tudo que recomeça incessantemente.

BM — Como a fruição feminina?

HC — Exatamente. E é verdade que isto cria um problema, tanto para aqueles que escrevem como para os que lêem. A continuidade coloca o problema da sua interrupção. São problemas vitais e inteiramente literários, técnicos, são problemas de que Clarice Lispector trata com uma acuidade inacreditável. Quando há uma continuidade, quando há um fluxo e uma potência vital que o sustenta, como em *Água viva*, então não vemos por que parar de repente. O que faz parar é uma perda de fôlego num determinado momento ou uma preocupação com o outro, e daí o texto pára. O admirável é que ela pára arbitrariamente. Não pára porque construiu um modelo arquitetado, que seria geométrico ou matemático, equilibrado como as dissertações que nos ensinaram a fazer. O texto segue o ritmo do corpo. Bem, agora eu paro, diz ela. Diz e faz. Eu paro, eu recupero o fôlego, tomo uma xícara de chá e recomeço. É algo que está o mais perto possível do corpo, que o mima, quando a literatura em princípio recalca o corpo.

BM — Onde situaria Joyce nisso tudo? Sei que estamos aqui para falar de Clarice Lispector, mas, como Joyce a interessou tanto, gostaria de saber onde o situaria.

HC — Ele me interessou na medida em que ousou tomar

certas liberdades com a língua. Porém, o tipo de mensagem que faz passar não me agrada. Num certo nível ele é totalmente reacionário. É um homem clássico, o lugar da mulher na obra dele é bem pouco invejável. Verdade que ele analisou as estruturas familiares de modo admirável, mas, no fundo, só fez isso. Questionou e reproduziu ao infinito o drama familiar de uma maneira engraçada, magnífica mesmo, só que nada descobriu de novo. Foi ao nível da língua que ele desenvolveu o seu trabalho; aliás, no limite da língua. Joyce ousou aplicar descobertas que já existiam e que diziam respeito ao significante, à sua riqueza, à sua polissemia etc., como, por exemplo, as descobertas de Mallarmé. Não ignorava as tradições européias de trabalho com o significante, que ademais existiam na Inglaterra renascentista. Shakespeare trabalhava com o significante. Mas antes de Joyce ninguém havia feito desse trabalho a regra geral do texto. Ele generalizou o trabalho de "tormento do significante". Os efeitos disso são fabulosos, é importante para quem escreve.

BM — O tormento de Clarice é de outra ordem...

HC — Não tortura o significante, pelo contrário. Posso me enganar porque o meu conhecimento do português é insuficiente, mas me parece que ela trabalha a frase, o parágrafo, tem uma relação com a pesquisa formal, a sintaxe, a elipse etc. etc. Só que não é diretamente ao nível da palavra. O que ela faz, e isto é absolutamente admirável, é filosofia poética ou poesia filosófica. Enfim, algo que eu nunca vi em outro lugar. E só há uma pessoa no mundo que produziu textos tão densos, foi Kafka. Só que ele inscreveu tudo ao nível da alegoria, ele alegoriza o real para chegar a produzir efeitos de sentido, faz do mesmo uma fábula. Para Lispector, o real é, em si mesmo, portador do sentido mais fino. Só os filósofos fizeram o que Clarice faz, mas sem a liberdade que ela, enquanto poeta, tem. Às vezes eu me dizia que ela parecia Heidegger. Há, por exemplo, um trabalho sobre "a coisa" que tem a força, a potência, a precisão do discurso filosófico heideggeriano. Ela ousa casar, ousa celebrar o casamento da escrita mais leve, quase oral, e do pensamento mais profundo. E é absolutamente excepcional.

BM — Escrita oral?

HC — Sim, porque tenho o sentimento de que ela tem uma maneira direta de escrever que tem a ver com o relato. E ela recupera na escrita, o que é muito raro, muito feminino, a economia oral. No limite, poder-se-ia dizer que, para chegar a escrever como se fala, é preciso levar a escrita ao ápice. Mas eu digo isso porque um dia vi na televisão um filme sobre a Bahia e havia gente do povo que tinha uma fala de uma grande beleza e eu me disse que, no fundo, Clarice Lispector tinha fontes locais extraordinárias. Eram mulheres que, na fala mais simples, tocavam no coração da vida... É épico, é a epopéia popular contemporânea, coisa que nós não temos na Europa. Por tudo isso, é impossível ler Clarice Lispector rapidamente. Ela pede um verdadeiro trabalho de leitura e as pessoas em geral não lêem assim, sobretudo quando se trata de literatura. Se se tratar de filosofia ou de textos psicanalíticos, dizem a si mesmos que é preciso prestar atenção, refletir. Porém, quando lêem literatura, não se detêm. E com Clarice Lispector é preciso não ter pressa.

BM — Como foi que a descobriu?

HC — A Éditions des Femmes quis fazer o público redescobrir Clarice Lispector. Ela havia sido publicada na França, mas sem eco algum. Chegou mesmo a desaparecer, e a Gallimard, que possuía os direitos, não tinha nenhuma intenção de continuar a publicação de livros considerados sem interesse para a sua política comercial. Um dia, Antoinette Fouque, da Éditions des Femmes, me falou do projeto de comprar os direitos autorais da Gallimard. Depois, a Regina de Oliveira Machado, que se tornou tradutora da Clarice Lispector, me mostrou algumas páginas de Lispector em que ela estava trabalhando. Posteriormente, li numa antologia de textos de mulheres brasileiras publicada pela Éditions des Femmes um pequeno fragmento de *Água viva* e fiquei abismada, achei aquilo sublime. Não acreditei no milagre e me disse que não ia acreditar sem mais nem menos que existia uma obra com a qualidade daquelas páginas. Depois saiu *A paixão segundo GH,* pela Éditions des Femmes, e foi decisivo. Admiti que era para mim o maior escritor contemporâneo. Para uma mulher que escreve, Clarice Lispector é uma iniciadora, abriu um território que eu sequer imaginava adentrar um dia. Para trabalhar sobre a feminilidade e a escrita, eu sempre me valia de textos de homens nos quais a feminilidade aparecia.

BM — Quais?

HC — Textos de todo tipo, e sempre em edições bilíngües. Kleist, os românticos alemães em geral. Trabalhava muito com Rilke, com a poesia, textos ingleses, Shakespeare... Enfim, eu estava sempre retrabalhando textos de homens, o que politicamente não era prático. Era incômodo não encontrar exemplos de economia aventureira em textos de mulheres e eu andava um pouco triste. Clarice me salvou e me deu um universo.

BM — Você acha que o interesse por ela na França é devido à sua leitura?

HC — Acredito que contribuí para isso. Há quatro anos trabalho ininterruptamente com os textos de Clarice, falo deles em todo lugar... Há dezenas de teses que estão sendo feitas no Canadá depois que fiz conferências sobre Clarice, quando ela simplesmente não existia lá. É a mesma coisa nos Estados Unidos e na França. Não pára mais. É incrível! O texto de Clarice responde a uma necessidade, e, por outro lado, também era preciso que houvesse um mediador.

BM — É freqüentemente assim?

HC — Talvez. Eu diria que é a questão do amor e da transferência. Se começo a dizer com toda a minha força que amo o que ela faz, isso produz efeitos desse tipo. Penso numa cadeia transferencial, e que é maciçamente feminina. São as mulheres que a lêem, os homens menos. Fiz os homens que eu conhecia lerem Lispector. Eles são bem menos abertos do que a maioria das mulheres. Isso é curioso porque eu não considero que Clarice se enderece especificamente às mulheres.

BM — Você poderia falar dos problemas de tradução que o texto da Clarice coloca?

HC — Inicialmente compreendi a língua de Clarice a partir do latim, quando o francês está muito longe do latim. Há um trabalho da subjetividade inteiramente diferente porque o sujeito pode estar implícito no verbo, o que não acontece no francês. Há mil elementos da língua portuguesa no Brasil que favorecem o projeto filosófico de Clarice Lispector. Na tradução, somos obrigados a acrescentar o sujeito, porque o francês não tolera uma frase em que o sujeito esteja ausente. A potência do português brasileiro me fascina. Quando penso que no francês não temos gerúndio! É uma verdadeira loucura. Temos de encompridar as frases por causa disso. Clarice sabia o que o português brasileiro permite, como eu sei o que o francês interdita, porque tenho uma origem lingüística diferente. Na minha infância falava alemão e depois o inglês. O trabalho que Clarice fez é um trabalho total, uma obra em que não falta nada. Há mesmo elementos romanescos, quando os livros dela não são propriamente romances. Há todos os gêneros, mas o gênero não é um fim em si, é antes um resquício de uma forma antiga.

BM — Um resquício de uma forma antiga?

HC — Sim. Se nós tomarmos *A maçã no escuro*, podemos acreditar que se trata de um romance. Aparentemente, seria um romance ou, no limite, poderíamos dizer que seria um romance à maneira americana, de Faulkner, por exemplo. E não é isso. Em *A maçã no escuro*, o elemento romanesco é apenas um dos elementos do texto. Cada página é, em si mesma, uma espécie de meditação filosófica.

ADENDO

Dos muitos autores brasileiros traduzidos na França, só Jorge Amado e Clarice Lispector têm um público que não se limita aos estudantes de literatura. Os demais foram editados e são apenas "uma presença", como dizem os agentes literários e os outros que intermedeiam a edição. A literatura brasileira chega mal na França, pois os tradutores em geral desconhecem a nossa língua oral e numerosos são os erros de interpretação que disso resultam.

O fato é que Lispector fez a travessia, ainda que a sua primeira obra tenha sido publicada em 1950 (*Perto do coração selvagem,* Plon) e só começasse a ser efetivamente lida em 1976 (*A paixão segundo GH,* Éditions des Femmes). Mas por que somente então?

Os anos 70 são, na França, os de maior impacto do pensamento de Lacan, cujo seminário congrega, além dos psicanalistas, os lógicos, os lingüistas, os antropólogos e os semiólogos, entre outros. Aquele pensamento é então decisivo e é razoável supor que, em 1976, Clarice Lispector conquiste um público também por ter idéias em que os ouvintes e os leitores de Lacan se reconheciam.

Lispector afirma, por exemplo, que não sabe redigir ou vestir uma idéia com palavras; que, para escrever, o seu material básico é a palavra (*A hora da estrela*) e, sobretudo, "o que vem à tona já vem com ou através de palavras ou não existe" (*Para não *esquecer*). Lacan, nos seus seminários, fala para se opor à aversão pela palavra no meio psicanalítico, para fazer ouvir que ela é o fundamento da cura e que é necessário escutá-la. Num caso como no outro, a ação depende inteiramente da palavra.

Lispector faz explicitamente a defesa do não-saber: "A menina não perguntava por que era sempre castigada mas nem tudo se precisa saber e não saber fazia parte importante de sua vida." (*A hora da estrela*) Lacan igualmente valoriza o não-saber e incita o analista a operar com ele, pondo em prática uma "douta ignorância", para que o analisando possa vir a saber algo de novo sobre si mesmo.

Lispector não se importa com escrever histórias, diz explicitamente que só escreve fatos. Lacan, na sua prática, não focaliza e não interpreta a história que o analisando conta e só este pode interpretar; ele a corta, interrompe-a na palavra através da qual a verdade do sujeito pode ser revelada. Num caso e no outro não é a narração, mas a revelação, que interessa.

As coincidências entre a escritora e o analista são várias e não foi por acaso que ela efetivamente entrou na França quando uma editora, que tambem é analista, Antoinette Fouque, a descobriu.

Lispector se impôs através da Éditions des Femmes, dirigida por Fouque, que, em 1987, nos deu uma entrevista da qual segue um fragmento.

BM — Foi a Éditions des Femmes que deu a Clarice a importância que ela tem...

AF — Sim. Depois que a editamos, ela foi traduzida por editoras americanas, inglesas, italianas. Trabalhamos muito para que Clarice fosse conhecida no mundo inteiro. Levei-a inclusive para o Japão. O primeiro livro foi editado em 1976. É *A paixão segundo GH*. Depois nós continuamos a publicar os livros regularmente e vamos publicar a obra inteira.

BM — Como vocês a descobriram?

AF — Fui ao Brasil em 1975 e ouvi falar muito dela. Quis

encontrá-la, mas não houve como. Um tempo depois ela passou na livraria, pouco antes de morrer, e eu não estava. Na verdade a descoberta dessa autora foi um acaso no sentido dos surrealistas, ou seja, algo de improvável e absolutamente necessário. Sim, algo devia acontecer entre ela e nós e, por isso, várias pessoas começaram a me falar de Clarice. Publicamos um livro de entrevistas chamado *As brasileiras* e o depoimento dela me pareceu excepcional. Soube que *A paixão segundo GH* esperava a edição e eu publiquei. Clarice também aconteceu na nossa editora por causa da minha paixão pelo Brasil.

BM — A tiragem é grande?

AF — A cada vez são de 3 mil a 5 mil exemplares. Não é uma Règine Deforges. Não vende como *A bicicleta azul*, mas Clarice tem os seus leitores. Hélène Cixous, que é uma das nossas autoras, faz conferências sobre ela na França e no mundo inteiro.

BM — Há muitos anos, ouvi Hélène Cixous falar com paixão de Clarice, dizer que só a obra de Kafka tinha uma densidade equivalente e ainda que ela é "o maior autor contemporâneo".

AF — Juntamente aliás com *Laços de família* também saiu pela Éditions des Femmes um livro de Cixous que se chama *A hora de Clarice Lispector* e que muito contribuiu para tornar Clarice conhecida. Na verdade ela nos é muito cara.

BM — O que foi que ela lhes deu?

AF — Não é fácil dizer. Me deu tanto quanto Rilke. Sou psicanalista, além de editora, e ela me deu o que o analista chega a intuir, mas que não ouve escutando os pacientes apenas: o delírio psicótico sublimado, transformado por uma extraordinária alquimia, pela elaboração de uma poética rigorosa que também é da ordem da pesquisa científica... Acredito que Clarice tenha feito uma análise. Amigos meus me disseram que sim. Se eu a tivesse conhecido, faria o que Lou Andreas-Salomé fez com Rilke. Aconselhou-o a não se analisar. Até porque Rilke não queria. Queria deixar de sofrer, porém temia que o analista, junto com os demônios, suprimisse os anjos, coisa que obviamente não ia acontecer. Lou Salomé poderia ter contado a Rilke que ela freqüentemente tratava os pacientes lendo as *Elegias a Duíno* ou os *Sonetos a Orfeu*. Noutros termos, o poeta é o mais sublime dos terapeutas. Ora, Clarice é poeta. Portanto ela me dá o que a loucura não me deixa ouvir e me dá isso como uma obra de arte... Da lama do inconsciente Clarice Lispector fez um diamante. Não existe aliás em toda a literatura psicanalítica uma análise tão rigorosa de um caso de loucura feminina quanto a que ela faz em *Laços de família*.

Patrick Grainville

Fã do Brasil, Patrick Grainville nasceu em junho de 1947 em Villiers, na Normandia. Além de ser um escritor fecundo, é professor de letras e crítico literário no jornal *Le Figaro*. Em 1976, com menos de trinta anos, obteve o prestigioso Prêmio Goncourt por um romance, *Les Flamboyants*, um título digno da exuberância da sua escrita.

Cólera* *é o nome do romance sobre o Brasil que Patrick Grainville lançou em 1992. A propósito deste romance, cuja história se passa no Rio de Janeiro e que retrata a tragédia social brasileira, Grainville nos deu uma entrevista no seu apartamento em Maisons Lafitte, que fica nas proximidades de Paris.*

BM — Villegaignon era de Honfleur, a cidade dos seus ancestrais. Isso tem algo a ver com a sua ida para o Brasil?

PG — Depois de ter escrito o romance, percebi que tinha. Quando a gente escreve um livro, se dá conta de coincidências,

---

**Colère*. Paris, Seuil, 1992.

de uma certa necessidade que nos fazia escrever e que a gente ignorava. Sofri muito com o fato de ter nascido no estuário do Sena, na Normandia, porque é uma região só de arbustos, apertada, mesquinha. É a região de Maupassant, de Flaubert, Madame Bovary, uma região sem grandeza, sem excessos, na extremidade do canal da Mancha, um marzinho estreito. Villegaignon partiu de Honfleur, no século XVI, com os calvinistas, e chegou na Baía de Guanabara, onde instalou o forte Coligny. E é bem verdade que Honfleur é a minha terra natal, a da minha avó, da minha mãe. Foi interessante largar um estuário um pouco cinzento e desembarcar numa terra vasta, violenta e rica. Gosto dos assuntos épicos, de ter muitos personagens, gosto das paisagens. Sempre que eu situava os meus romances na França, eu era tachado de inverossímil por causa do que há de excessivo nos meus textos.

BM — Mas o que significava ser inverossímil, no caso?

PG — Eles queriam uma literatura mais intimista, de amor, do casal, mais realista, mais próxima da banalidade. Há uma corrente forte na França que quer o romance curto, psicológico, sem adjetivo, sem imagem, que não seja mítico, porque eles têm horror do que é mítico, e também têm horror do inconsciente. Querem frases completamente despojadas. Trata-se apenas de contar uma história. A grande tradição, desde a princesa de Clèves, é essa. Hoje em dia o grande sucesso é o romance que conta uma paixão de maneira completamente desapaixonada, nenhuma palavra a mais, nenhuma a menos, tudo em oitenta páginas. Não estou dizendo que não tem qualidades, mas sempre pedi que me deixassem escrever o que eu tenho vontade.

BM — Quanto tempo você passou no Brasil e como encontrou as pessoas que inspiraram os seus personagens?

PG — Isso tudo se passou entre 1987 e 1991. Absorvi muita coisa, li livros, encontrei gente e depois me apropriei, me apossei da experiência, porque eu não sou favorável ao romance realista.

Era preciso que fosse uma história minha, e o livro se parece mais comigo do que com o Brasil. No começo houve uma viagem de escritor, era oficial e, portanto, bastante fechada. Depois, voltei de novo ao Brasil e comecei a escrever a partir de uma visão que tive no Rio de Janeiro. Acabava de atravessar o Atlântico e havia perdido as minhas ligações, estava eufórico, e isso, no meu caso, é favorável à criação. O que me chocou foi o aspecto telúrico, a potência, a energia da terra. Na França a gente não tem isso, as paisagens são mínimas. No Brasil elas são extraordinárias, montanhas banhadas pelo mar, é uma terra de cosmogonia, de criação. O Rio de Janeiro é uma cidade-paisagem. A potência do granito me inspirou, as argilas, as matérias. Gosto de reconstituir a matéria, a textura das coisas, dos corpos. Cheguei na cidade como um anjo vindo do céu. Depois encontrei uma mulher que me ajudou muito, que trabalhava na favela do Vidigal. O romance, aliás, é centrado na montanha dupla dos Dois Irmãos, envolta pela favela do Vidigal e pela grande favela da Rocinha. Ademais, o bairro todo é lindo, o Leblon. A paisagem me interessou muito, sobretudo pelo tema dos dois irmãos. Cosme e Damião é um tema africano, o tema dos dois gêmeos, dos dois órfãos.

BM — Quanto tempo levou para escrever este livro e quais as dificuldades com as quais deparou na elaboração do mesmo?

PG — Primeiro eu não pensava em escrever um livro sobre o Brasil. Não ousei até poder me dizer que não se tratava de escrever um livro sobre o Brasil, mas um romance que se passa no Brasil, e que eu devia, portanto, partir das minhas fantasias, ser subjetivo como todo romancista, falar do país com o meu universo e daí, então, ninguém me acusaria de inexatidão. A dificuldade é que eu tinha acumulado muitas coisas sem ligação entre si, coisas muito intelectuais sobre o carnaval, outras um pouco filosóficas. Percebi, depois de um certo tempo, que não absorvia mais nada de novo, que estava saturado e que a realidade profunda me escapava, porque é diversa. Não há como resumir um país. Só tive certeza de que ia mesmo escrever o romance quando ouvi uma canção de Gilberto Gil, *Mãe Menininha*, uma canção extraordinária, em que há algo de celeste. Há também o encontro com um chofer de táxi, o Napoleão Hugo, que um dia me disse, como dizem todos os brasileiros, "Deus está comigo", e me impressionou pela sua fé. A dificuldade foi encontrar uma história, uma dinâmica, um movimento que me permitisse escrever.

BM — A sua escrita se deixou influenciar pelos ritmos musicais brasileiros e o da nossa língua?

PG — Sim, porque há nela acentos, movimentos, vogais que voam, excessos, e eu acho que um romance deve estar fundado no ritmo do desejo. A língua do Brasil é feita de impulsos, quedas, doçuras. Há uma espécie de guirlanda de palavras, de fraseado que sobe e desce, que é ensolarado, que é orgíaco, que se torna muito doce, que se nasaliza. Foi com isso que eu pude esculpir as minhas frases. As pessoas, aliás, sempre me culpam por fazer frases longas, com adjetivos, sons, aliterações.

BM — A palavra esculpir é exata, eu tive mesmo o sentimento de que você é um escultor. O texto é inteiramente visual.

PG — A frase brasileira é uma frase-paisagem, há uma espécie de êxtase perpétuo, inteiramente diferente da frase cartesiana, despojada, esterilizada.

BM — Qual é, na sua opinião, a nossa especificidade em relação aos franceses?

PG — A França é uma província dominada por uma média burguesia generalizada, todo mundo tem mais ou menos os mesmos valores vagamente democráticos, nós todos perdemos o nosso cristianismo, o marxismo não existe mais, não há perspectivas, há uma espécie de conforto em que as pessoas morrem aos poucos, confortavelmente. O Brasil tem milhares de problemas, o Nordeste, o problema dos índios, dos sem-terra, tem a epopéia das grandes multinacionais, o PT, o Lula, é um universo mais balzaquiano do que a França de hoje, me convém mais. Há uma loucura que já não há na França. A gente pode juntar paisagens magníficas, florestas, mulheres exuberantes. Quando terminei o romance, fui a Foz do Iguaçu e vi aquele abismo coberto de espuma na hora do pôr-do-sol e o cheiro era o da Amazônia, de uma terra que nós não temos, uma terra de odor vermelho, ruivo. De repente, vi um tucano na noite, aquele bico amarelo enorme no meio de duas asas negras, um pássaro barroco, irregular, que é o símbolo dos meus livros. Um pássaro de Picasso, de Braque, louco pela forma, pelo bico, pela cor.

BM — Você se modificou com a sua aventura brasileira e a aventura artística que dela resultou?

PG — Sim, ela me realimentou, me fortificou, justificou o que faço. Porque, quando escrevia romances ditos barrocos, carnavalescos, excessivos, eu tinha o sentimento de estar exagerando em relação à literatura francesa. O Brasil é um país que convém ao meu imaginário.

BM — Você escreveu treze romances e, além disso, é professor de ginásio. Como concilia as duas coisas?

PG — Também sou crítico literário e leitor da editora Seuil. Tudo isso se concilia muito bem, porque eu ensino a literatura e a língua francesa aos adolescentes da periferia, freqüentemente imigrantes, africanos e portugueses. Ensino o francês, o que amo, o meu instrumento de trabalho, o francês com tudo o que a língua tem de materno e de paterno. A gente se constitui por meio das palavras, e é isso que conta. Verdade que, como professor, a minha relação com a língua é diferente da que tenho como escritor. Sou mais distante, crítico, mas passo bem de uma posição subjetiva a outra, porque não ensino na universidade, não tenho a obrigação de construir conceitos, não tenho piruetas a fazer. Além disso, o ensino me tira dos livros e é muito importante ter um ofício fora da literatura, senão a gente imerge, se perde, fica muito maluco. O ginásio é a sociedade, os jovens, e isso permite que eu me esqueça um pouco.

BM — Você consegue viver com o dinheiro dos livros?

PG — Verdade que eu hoje poderia viver só da escrita, porque há os livros e os artigos de crítica literária. Tive a sorte de receber o Goncourt com 29 anos e depois ter escrito um best seller, mais de 100 mil exemplares. De *Cólera*, que saiu há dois meses, já se venderam 40 mil exemplares.

Adendo

Sendo um escritor barroco e avesso às convenções, Patrick Grainville estava predisposto a entender um país como o nosso e, assim, fazê-lo existir na França por meio de uma outra imagem.

Grainville subverte o imaginário da sua cultura, obrigando a própria imprensa que fisga o Brasil nos clichês tradicionais a dizer que este tem a sua lógica, embora a mesma seja inacessível ou, então, que ele ainda está para ser descoberto.

Verdade que o livro começa recorrendo ao clichê da violência e da beleza — "A violência selou para sempre a união de Damien com a mais bela cidade do mundo" — e que o Brasil das primeiras páginas é só para francês ver, mas o romance não cessa de se superar até o seu apocalíptico fim. Termina centrado numa história do morro, a de Carmelina, chorando a morte dos filhos, e, por nos comover, faz refletir sobre as tantas mães brasileiras que, na falta da figura paterna e da lei, vivem o drama de Carmelina, as mães cujos filhos, cumprindo o destino, largam do morro para vagar na cidade, saem de casa para morrer.

O Brasil não é triste, como dizia Lévi-Strauss, porém é repetidamente trágico, como mostra Grainville, que também nos fez justiça cantando o erotismo brasileiro, o que a nossa "identidade preguiçosa" propicia, insistindo na singularidade da carne e nos fazendo redescobrir, por meio das várias transas de Damien, a potência sensual das Zulmiras e das Renatas, além do fascínio de homens que, "à força de se esfregarem no ventre das mulheres, têm a graça de uma donzela". O sexo, em *Cólera*, é lírico, e o dedo que o herói desliza sobre a fenda dos lábios da companheira se torna "lobo de amor" e o traseiro preguiçoso da mulher que ele cobiça é "uma âncora deitada, repleta, abandonada", pedindo apenas "me toma, saqueador de tesouros, acaricia esta minha asa negra". Um lirismo que faz a cidade surgir do corpo da mulher amada e esta se deixar moldar por aquela: "Através de Marina e do seu ventre, a cidade nascia, crescia, se encarquilhava, mas a ordem simultaneamente se invertia, e era o Rio telúrico, vulcânico, suas cordilheiras silvestres que corriam em direção a Marina se cruzavam, se suavizavam para a engendrar, moldar a sua espinha dorsal e lhe bombear as nádegas."

Apologia do feminino exaltado por meio da carne, *Cólera* sublinha a androginia da nossa cultura, indicando-a no próprio Cristo Redentor, no "Pai angélico de cabelos longos, homem acrescido de uma doçura de mãe. Andrógino de concreto com seu longo vestido de pregas... Um Deus madona, incolor e clemente, grave e suave, aos pés do qual os homens, fazendo o sinal-da-cruz, se matavam, se pilhavam, se violavam nus, uma grande batalha de esperma e de sangue. A cidade machista havia escolhido o Cristo hermafrodita, o que melhor convinha à sua dualidade escondida". A dualidade que todo ano desabrocha no carnaval, nos tantos travestis que desfilam exibindo a sua completude de seres bissexuados e que, insensivelmente, reatualizam a fantasia dos nossos descobridores, a de um sítio paradisíaco onde o maná cairia do céu e aos seres nada faltaria.

Sim, a fantasia dos portugueses, porém ainda dos franceses que, bem antes de terem esculpido a estátua andrógina do Cristo Redentor, tentaram, com Villegaignon, se estabelecer no Rio de Janeiro, e, talvez por não o terem conseguido, ainda possam fazer pouco do país, desqualificando-o por meio de chavões sobre o mesmo, como aliás um dos personagens do romance, o conselheiro Germain Serre: "Inculto, este Brasil. Você compreende? A Espanha não é a mesma coisa, a América espanhola é que é. Mas tudo aqui veio de Portugal, de mercadores, negociantes sórdidos... Nenhuma epopéia. Comerciantes, crápulas, revendedores, *dealers*, prevaricadores, traficantes de crianças."

Grainville, retratando os seus conterrâneos, nos deu uma imagem trágica e lírica de nós mesmos. Amou o Brasil, embora seu herói só saiba amar a mulher européia — a que, sendo casada, lhe é interditada — e continue até o fim do livro a ser um devoto do mito de Tristão e Isolda, em vez de se entregar de corpo e alma à brasileira que, macunaimicamente, dormia transando e poderia fazê-lo desistir do culto melancólico e monocórdico do amor impossível.

François Weyergans

Escritor, cineasta e crítico de cinema, François Weyergans nasceu em 1941. Seu primeiro romance, *O farsante*, editado em 1973, foi um grande sucesso. Nele, Weyergans faz o seu herói, Eric, dialogar com um célebre psicanalista francês, o Grande Vizir. Por *A demência do boxeador** seu nono romance, ele recebeu, em 1992, o cobiçado Prêmio Renaudot.

"À medida que a educação se ramifica e o analfabetismo desaparece, vemos diminuir o interesse das massas modernas pela leitura. Sob o rótulo mentiroso de cultura popular, governo, televisão e multinacionais oferecem às massas espetáculos e distrações que são os equivalentes modernos do circo de Roma ou do hipódromo de Bizâncio." Com estas palavras, abordando o mal-estar na literatura contemporânea, Octavio Paz inaugura a Feira do Livro de Frankfurt de 1993.

Um mês depois, no começo de novembro, o jornal Le Monde *publica uma entrevista concedida por Philip Roth, autor de* Complexo de Portnoy, *dizendo que a América foi*

**A Démence du Boxeur*. Paris, Grasset, 1993.

invadida pelo jargão Disney e só há 15 mil leitores nos Estados Unidos. Simultaneamente, em artigo na revista L'Infini, *Milan Kundera se pergunta se o romance, a grande arte européia, não estará, há algum tempo, condenado a desaparecer.*

Crise da literatura, mas ainda do cinema de arte que resiste com dificuldade à indústria do espetáculo. De tal crise François Weyergans faz um dos temas do seu último romance, A demência do boxeador, *cujo personagem, Melchior Marmont, grande produtor de cinema e amigo das estrelas mitológicas de Hollywood, evoca o Cidadão Kane.*

Nababo da época heróica de Hollywood, Melchior Marmont adquire, aos 82 anos, o castelo da sua infância, Saint Leonard, no interior da França. Aí, nessa residência devastada pelas colônias de férias que a utilizaram sucessivamente, rememora o seu passado, para realizar um filme cujo título seria A demência do boxeador, *se o projeto tivesse se realizado. Assistindo ao filme da própria vida, Melchior, que foi um dos grandes da arte emblemática do nosso tempo, vai sendo tomado pela idade e acaba à espera da morte, a única que o pode livrar do confronto aterrador consigo mesmo.*

Para saber, por um lado, deste romance, do qual o Fitzgerald de O último nababo *(inacabado) certamente teria gostado, e, por outro, da crise da literatura e do cinema, fui ouvir François Weyergans.*

A entrevista estava marcada para às 18:15 no hotel onde os escritores da editora Grasset costumam receber a imprensa. Trata-se de um hotelzinho particularmente charmoso da rue des Saint Pères, com um bar na entrada que dá para um pátio interno, atrás do qual há um pequeno salão, em geral usado para as entrevistas, tendo só três cadeiras de veludo vermelho ao redor de uma mesa.

Por eu estar adiantada, a recepcionista sugere que fique

esperando no bar. Então, o garçom me surpreende dizendo que o Sr. Weyergans saiu e voltará logo, mas para encontrar alguém da televisão francesa e não eu. Algum tempo depois, desmentindo o garçom, quem chega é um fotógrafo, que me tranqüiliza. Trata-se apenas de tirar duas ou três fotos do escritor.

Weyergans é pontual. Às 18:15 entra vestido de preto, um casaco longo e uma echarpe no pescoço. Cumprimenta-nos e, voltando-se para o fotógrafo, diz: "Você devia mesmo era tirar fotos dela." Risos, e eu, me dizendo que se Weyergans não fosse galante não seria francês, passo com os dois do bar para o salão, onde a sessão de fotos dura pouco e o garçom logo aparece trazendo o kir *que eu havia pedido e uma taça de champanhe para Weyergans, a quem eu primeiro leio um fragmento traduzido de* A demência do boxeador, *para fazê-lo ouvir o texto no "português do Brasil".*

À leitura seguiu-se uma pequena conversa, o prólogo da entrevista.

FW — Percebi, escutando, que um texto traduzido pertence a quem o traduziu. Antigamente, eu tinha amigos brasileiros. Como eles voltaram ao Brasil, não os encontro mais. Quando você leu, me dei conta de que era exatamente a mesma música.

BM — Você teve uma reação idêntica à de Lacan quando levei a ele a tradução que eu tinha feito do *Seminário I — Os escritos técnicos de Freud*. Lacan olhou, me disse apenas que não entendia absolutamente nada do que estava escrito e me devolveu sem mais nem menos o manuscrito. Na época eu não compreendi, mas era a única reação possível.

FW — Sim, porque o sujeito é despossuído e, ao mesmo tempo, não é desagradável, porque a gente sente que a coisa circula. O efeito é e não é estranho, porque, quando você leu, eu ouvi um som que é o da língua portuguesa do Brasil e que pertence à minha juventude, ao meu passado, o que aliás tem tudo a ver com o tema do meu livro.

BM — Vamos aos seus livros. No seu primeiro romance, *O farsante*, um dos personagens, chamado o Grande Vizir, foi inspirado em Jacques Lacan. Há frases que só podem ter sido ditas por ele, o estilo é inconfundível. O herói, um tal de Eric, se queixa, nas sessões, de que é só encontrar uma mulher para ficar maravilhado e que ele depois não sabe como agir, o que fazer com a dita cuja. Trata-se de uma sátira. A despeito do humor, *A demência do boxeador* é um romance trágico, e se o herói, Melchior, não dissesse explicitamente que tem pena dos que se dizem satisfeitos com a vida que levaram, eu não perceberia a relação entre o primeiro livro e o último. Em *O farsante* o narrador parecia fazer associações livremente. Em *A demência do boxeador* ele é supercontrolado. Você poderia falar um pouco sobre isso?

FW — Há vinte anos de diferença entre os dois livros e eu, felizmente, mudei. Se eu fosse o mesmo seria horrível. Verdade que o narrador é mais controlado em *A demência do boxeador*. Trata-se, aliás, de uma observação arguta. O narrador é controlado porque a gente aprende isso. Um romancista, como um esgrimista, deve saber fechar. Em *O farsante* há algo de muito aberto, de ingênuo, e essa ingenuidade hoje já não me interessa. Comecei a escrever *O farsante* com 27 anos e *A demência do boxeador* com 48 e, nesse meio-tempo, aprendi que a ingenuidade não tem o valor que eu atribuía a ela. Além disso, existem os problemas técnicos. A gente descobre que para fazer um personagem de fato existir é melhor que ele seja mais misterioso, menos iluminado. Há muita luz no meu primeiro romance, é como uma casa em que a gente tivesse acendido todas as luzes. Já em *A demência do boxeador* utilizei uma luz indireta. Quando penso em *O farsante*, penso em algo muito iluminado.

BM — Excessivamente?

FW — Não. Excessivamente, não. Isso implicaria um juízo de valor.

BM — Você não julga a sua obra?

FW — Nem a minha obra e nem coisa alguma. Aprendi a tirar todos os verbos, todos os adjetivos que servem para julgar as coisas. Trata-se de um trabalho difícil. Mas eu penso muito nisso e também na diferença que existe entre os meus livros.

BM — Apesar da diferença entre os dois romances há um ponto comum. O narrador é onisciente, ele tanto sabe o que se passa entre o doutor (o Grande Vizir) e o analisando (Eric) quanto o que passa pela cabeça de Melchior, quando este rememora sozinho no castelo a própria existência.

FW — Olha, não se trata apenas de uma história de narrador onisciente. O autor procura desaparecer, estar o menos possível no livro, mas, apesar de uma narrativa aparentemente fria, faz acreditar que é o próprio personagem quem fala. Acho isso mais bem-feito em *A demência do boxeador*. O tempo todo utilizo a terceira pessoa, me refiro a Melchior usando *ele,* mas o narrador está próximo do personagem, de modo que o leitor também fica próximo. Depois se distancia, mas durante a leitura é como se Melchior fosse um dos seus amigos.

BM — Acredito mesmo que seja um achado. A gente se identifica tanto com este personagem que está na terceira pessoa quanto se identificaria com outro que dissesse *eu*. Mas ao mesmo tempo isso é problemático. O seu narrador sabe o que a ninguém é dado saber porque, tanto na análise quanto no castelo em que Melchior está sozinho, não existe testemunha. Há algo de ilógico e eu gostaria que você falasse sobre isso.

FW — O fato de ser ilógico significa que estou no bom caminho, porque tudo que me interessa é ilógico.

BM — E ilógico, mas é verossímil.

FW — Só é ilógico numa primeira instância da lógica. Na verdade, há duas coisas que eu lamento: não ser um lógico e não ser um economista, porque eu acredito que com um conhecimento da lógica e da economia eu compreenderia bem melhor o que se passa à minha volta.

BM — Gostaria de poder explicar o seu achado. Seria preciso saber por que é lógico apesar das aparências. Acho que se trata de uma questão pertinente.

FW — Sim, eu escrevi o último livro na expectativa de que o futuro leitor se identificasse com Melchior Marmont, mas não se tomasse por ele. Quando o narrador utiliza a terceira pessoa, o *ele*, o leitor não é obrigado a se identificar. Se eu utilizasse o *eu* em vez do *ele*, haveria nisso algo de masturbatório. Na verdade, antes de começar o romance, passei três ou quatro meses sem saber se seria *ele* ou *eu*.

BM — *A demência do boxeador* dá a entender que o cinema, enquanto arte, está morrendo. Recentemente, Philip Roth deu uma entrevista ao jornal *Le Monde* dizendo que não há mais do que 15 mil leitores nos Estados Unidos e que em breve haverá mais escritores do que leitores. O que você diria da situação na França?

FW — Será que os números de Philip Roth são corretos? Quando fui à América do Norte fiquei surpreendido com o interesse das pessoas pelos livros. Além disso, há muitos universitários, ao contrário do que se passa na França. Philip Roth deve estar assustado com a vulgarização dos best sellers e com o fato de que há menos livrarias. Acho que ele é muito pessimista. Na França a situação é bem melhor. Há muitos leitores. Conheço a vendagem dos livros de bolso, *folio*, por exemplo. São coleções que vendem de 10 a 12 milhões de exemplares por ano e estes livros são comprados para serem lidos. A França também é o país do mundo em que há mais salas de cinema e mais filmes projetados. Na Alemanha, é muito difícil ir ao cinema e até em

Nova York não é fácil. Também há o fato de que a literatura francesa é mais velha e de que a tradição entre o poder político e a literatura é muito antiga. A corte, os reis de França, desde muito cedo se interessaram pela literatura. Isso também aconteceu na China e no Japão.

BM — Nos Estados Unidos a literatura está cada vez mais influenciada pelo cinema e a tendência é de escrever um romance como se faz um roteiro, com tudo previamente planejado. Na França os escritores se deixam levar mais pela escrita. A que se deve isso? Ao *nouveau roman* ou a uma maior independência da literatura em relação ao cinema?

FW — A questão aí é de dinheiro. Nos Estados Unidos as pessoas do dinheiro entenderam que podiam ganhar ainda mais dinheiro com o que se chamava de literatura, o que se chamava de cinema. No velho debate entre a arte e o dinheiro, nós assistimos hoje a uma grande vitória do dinheiro e eu espero que isso seja provisório.

BM — Você acha que o dinheiro também é vitorioso na Europa?

FW — Acho que a vitória do dinheiro não está totalmente assegurada na Europa, mas acredito que virá e eu aliás temo isso. Vão deixar de publicar os livros mais difíceis, os primeiros romances um pouco complicados. As pessoas do dinheiro, nos Estados Unidos, se disseram que só o tema conta e que elas iam promover romances que parecem roteiros de filme. A televisão é a atual dirigente do mundo, do planeta.

BM — A propósito, aconteceu uma coisa engraçada quando eu cheguei aqui. O garçom me disse que você estaria esperando alguém da televisão e não eu.

FW — A coisa é terrível. Seria necessário escrever um ensaio sobre o poder da televisão. Todos os dias eu me culpo por não ter o ânimo necessário para fazer isso.

BM — Recentemente, na Feira de Frankfurt, Octavio Paz

lembrou que os grandes clássicos nunca adularam os leitores, pouco-caso fizeram dos preconceitos ou da moral vigente, que eles não temiam a solidão e nunca correram atrás do sucesso. Concluiu que a literatura nada tem a ver com as leis do mercado. O que você pensa disso?

FW — O Octavio Paz deve conhecer mal a história da literatura. Rabelais, que era médico e também fazia traduções do grego e do latim a pedido do editor dele, escreveu as aventuras de Pantagruel e de Gargantua porque sabia que nas feiras de então só era possível ganhar dinheiro com livros engraçados, e ele os escrevia para poder republicar Aristóteles em edição bilíngüe.

BM — Balzac também escrevia por dinheiro, ganhava por linha.

FW — Claro. O dinheiro e a arte sempre estiveram ligados. Há uma história de amor e de ódio entre a arte e o dinheiro. Não conheço artista que não tenha se confrontado com a questão do dinheiro num ou outro momento da sua vida. Uma das garantias do gênio na arte é saber dialogar com o dinheiro.

BM — Joyce sabia?

FW — Soube encontrar uma senhora que o financiava.

BM — Jamais ganhou a vida com os livros, mas tinha mecenas.

FW — O que importa é o dinheiro.

BM — Lacan dizia que para fazer bem o trabalho de psicanalista a gente não devia depender dele para viver. A posição do Octavio Paz implica que os romancistas e poetas não tenham de viver da escrita.

FW — O melhor é não depender da venda dos livros publicados. Na sociedade burguesa os artistas também viveram porque o resto da sociedade os amava e os financiava. Rilke, por exemplo, jamais ganhou o suficiente para viver dos livros, mas graças a estes foi alojado por uma duquesa benevolente. Os meus primeiros livros não venderam muito. Mas, como eu publicava e as pessoas me conheciam por causa da televisão, acontecia de um dentista ou de um advogado me dizer na hora de eu pagar a consulta: "Ora, você não paga, não me deve nada, porque eu gosto do que você escreve."

Alicia Dujovne Ortiz

Nascida em Buenos Aires e radicada em Paris, Alicia Dujovne Ortiz é uma das figuras modernas mais interessantes da migrante cultural. Na Argentina, trabalhou como jornalista e escreveu três livros de poesia. Em 1978, se estabeleceu na França e aí publicou vários romances. Ficou conhecida pelo livro *Maradona sou eu*, escrito em francês e publicado em 1992. Com a biografia *Eva Perón*, lançada em 1995, teve um grande sucesso.

Maradona

No âmbito da comemoração dos descobrimentos em 1992, a América Latina foi tema de várias exposições, debates e conferências na França.

A mais abrangente dessas manifestações, A Arte da América Latina, *ocorreu no Centro Georges Pompidou, que fez uma exposição das artes plásticas do continente, cobrindo o período de 1911 a 1968, com cerca de quinhentas obras de 84 artistas. Apesar do projeto explícito de revelar a originalidade da produção latino-americana, ela se limitou a inscrever as obras nas correntes artísticas européias ou apresentar os artistas através das influências a que se expuseram na Europa.*

São os latino-americanos exilados em Paris, particularmente os argentinos, que hoje dão uma imagem do seu país de origem que de fato o revela ao público europeu. Assim, Alfredo Arias, com a peça Mortadela, *um grande sucesso teatral. E assim Alicia Dujovne Ortiz, exilada em Paris desde 1978, e que, em* Maradona sou eu*, *por um lado focaliza o drama vivido pelo jogador — pejorativamente tratado pelos napolitanos de* sudaca *(índio sul-americano) — e, por outro, mostra quem são os argentinos, permitindo uma reflexão sobre os outros latino-americanos.*

Tendo em vista tal reflexão, em 1992, entrevistei Alicia

**Maradona, c'est Moi.* Paris, Éditions La Découverte, 1993.

Dujovne Ortiz, que me falou de Maradona, do exílio parisiense e de Evita Perón, cuja biografia ela estava preparando.

BM — Bovary sou eu, dizia Flaubert. Você agora, invertendo a situação, diz: Maradona sou eu. Seria possível explicar esse título?

ADO — Todos os autores, como Flaubert, se identificam com seus personagens. Com Maradona a identificação se fez a partir do fato de que ele é um sul-americano e um marginal, e eu compreendo perfeitamente a marginalidade. Na verdade, só me identifico com as pessoas que estão à margem, e isso resulta da minha história pessoal, do fato de ser metade judia e metade cristã, sempre metade alguma coisa. Nunca cheguei a pôr os pés numa sinagoga e tampouco numa igreja. Gosto do Maradona pelo que há nele de picaresco, pelo marginalismo que o leva a inventar incessantemente, mas ainda porque ele é barroco como os meus poetas preferidos. Não joga de maneira racional, é absolutamente imprevisível. No meu livro chamei a maneira dele de oblíqua.

BM — Você conta a história do jogador através da história da sua viagem a Nápoles, onde passou uma semana fazendo uma pesquisa sobre Maradona e, como boa argentina, se sentia inteiramente em casa. Mesmo o leitor que não se interessa pelo futebol gosta do livro porque viaja e se identifica com você. O seu grande achado nesse *Maradona sou eu* é a própria estrutura do livro. Como foi que você chegou a ela?

ADO — É uma boa questão. Na verdade, foi a primeira vez que a estrutura de um livro se impôs de saída. Meu grande problema sempre foi a construção. Comecei na poesia, como muitos escritores latino-americanos, que não sabem construir no sentido de desenvolver uma só idéia. Eles montam fragmentos. O exemplo típico é *O jogo da amarelinha*, do Cortazar. Eu antes escrevia livros em que punha um fragmento ao lado do outro. O cúmulo do livro fragmentário é *A árvore da cigana* (Gallimard), a minha biografia contada por meio de fragmentos. No *Maradona sou eu* a estrutura se impôs, não podia ser de outra forma. E a mesma coisa me acontece agora com a biografia da Eva Perón. Antes eu conhecia a felicidade da escrita automática, mas agora tenho também o prazer da construção se fazendo por si.

BM — Você saberia dizer o que a fez passar de uma para outra posição?

ADO — Me sinto melhor comigo mesma. Paguei as minhas dívidas com o *A árvore da cigana*, um livro que escrevi por todos os antepassados que não tinham podido escrever suas vidas. Carreguei o peso das histórias nos ombros e fiz. Daí, quando fui para Buenos Aires, me senti tão bem que cheguei a me perguntar como me sentiria voltando à França, onde depois me senti igualmente bem.

BM — Vamos então falar desses dois países e da questão do exílio. Borges disse, numa das suas entrevistas, que tanto os americanos do Norte quanto os do Sul são europeus no exílio. No seu último livro, você diz que na sua Argentina, na dos seus, as idéias estavam à esquerda e o coração na Europa. Gostaria de saber o que você pensa da idéia de Borges e se você vivia exilada na Argentina.

ADO — Tinha, sim, em Buenos Aires, o sentimento de estar exilada. Além disso, sou meio judia. Ser judia é o exílio, mas ser meio judia é o cúmulo. Sempre tive a sensação de não-pertencimento, uma nostalgia difusa de uma enorme quantidade de países no mundo, que eu, curiosamente, não fui procurar quando deixei a Argentina. Não saí em busca de um país onde tivesse raízes, escolhi um exílio literário.

BM — Um exílio de escritor...

ADO — E o exílio no meu caso foi muito positivo. Precisei ir até o limite da sensação de não-pertencimento e justificá-la escolhendo uma terra exclusivamente literária. Paris, para mim, é uma folha de papel. Além disso, eu aqui não me envolvo em nada. A Argentina me comove demais.

BM — Você diz no seu último livro que só percebeu o sentido do tango depois de ter deixado a Argentina. Acha que foi preciso sair para descobrir o seu país?

ADO — Sim. Até porque me pediram que eu de certa forma o explicasse, e me tornei a intermediária, uma posição que me convinha perfeitamente porque sou metade judia, metade cristã, sou a intermediária por natureza. Fiz um livro sobre Buenos Aires, outro sobre Maradona e agora escrevo sobre Evita. Quanto ao tango, para entendê-lo é preciso ter perdido alguma coisa, de preferência uma terra. O tango é um lamento, o do exilado que perdeu a sua infância.

BM — Você escreveu que a Argentina se salvará no dia em que um cantor de tango se olhar no espelho e, vendo o seu rosto trágico, cair numa gargalhada.

ADO — Quando escrevi isso eu não estava pensando no lamento do exilado, mas no do macho apaixonado pela sua mãe e totalmente incapaz de amar uma mulher.

BM — O que diferencia, na sua opinião, a Argentina do Brasil?

ADO — O Brasil tem uma geografia que é um grande riso da natureza, uma população marcada pelo negro, que é outro riso da natureza. Já nós temos as quatro estações, estamos mais ao sul e somos originários de países mediterrâneos que são bastante mais severos e com um senso do trágico que nos vem sobretudo da Espanha.

BM — O que nós teríamos a aprender uns com os outros?

ADO — Os argentinos certamente teriam de aprender com

os brasileiros a não esquentar e também essa maneira que vocês têm de andar, a ginga.

BM — E os brasileiros?

ADO — Mas será mesmo que a gente tem o que aprender uns com os outros?

BM — Como não? Você não aprendeu nada com os franceses?

ADO — Aprendi muito. Por exemplo, a planificar a minha existência, a me impor limites. Paris é um grande escritório e eu aqui escrevo bem, trabalho bem. Quando cheguei à França, era incapaz de usar uma agenda.

BM — Você consegue agendar até a transa sexual, como os franceses?

ADO — Não, isso não!

BM — Você diria comigo que nesse particular eles teriam a aprender conosco o sabor da improvisação?

ADO — Sim, e também a intensidade.

BM — Você poderia falar sobre o seu próximo livro, sobre Perón e Evita?

ADO — Perón era um homem frio, calculista. Por um lado o militar rígido, austero, com horror ao contato físico, e, por outro, o *criollo*, o homem da província, capaz de dar as suas piscadelas para se tornar cúmplice das pessoas. Um sedutor que desprezava todos os que seduzia e que tinha ao seu lado uma mulher que era uma verdadeira chama, Evita. Ao contrário de Perón, ela não tinha qualquer ambigüidade, com ela tudo era branco ou preto. Devia, por um lado, se sentir culpada em relação a Perón, por causa da sua história anterior ao casamento, e, por outro, se sentir purificada por ele. Aceitou morrer porque Perón desejava que ela morresse. Sabendo que ela era a sua luz, ele dizia que ela era a sua sombra. Evita teve um câncer de que não quis se tratar, o mesmo de que a mãe dela, por ter se operado, sarou.

BM — Por que Perón queria a morte de Evita?

ADO — Porque era competitivo. Quando o povo na Praça de Maio pediu que ela se tornasse vice-presidente, ele deu um basta. Isso não significa que não fosse uma relação de amor. Evita morreu, aceitando o desejo do homem dela, e Perón depois se destruiu completamente.

Adendo

Com *Sex*, o livro de Madonna, se tornou fácil uma mulher dizer que é homem. Antes da cantora, Alicia Dujovne Ortiz proclamou-se Maradona, intitulando seu livro sobre o jogador: *Maradona sou eu*. A escritora se disse homem, comparando-se a um dos maiores do futebol. Como se isso não bastasse, fez a sua afirmação parafraseando o "Bovary sou eu", de Gustave Flaubert, e associando, implicitamente, o seu nome ao dele. Triplamente audaciosa, mas com inteira razão.

Ortiz, sendo mulher, é Maradona porque ambos são argentinos, e foi também para falar destes que ela escreveu. Por outro lado, pode, sem megalomania alguma, se comparar a Flaubert, porque através da escrita fez do jogador um herói trágico e, como o escritor, se identificou com o próprio personagem.

Não foi o sucesso de Maradona que a levou a escrever, mas seu fracasso, a imagem do vencido chorando diante de todas as televisões, no último jogo da Copa de 1990, Alemanha x Argentina. Por que Diego era vaiado pelos napolitanos depois de ter sido acolhido como um rei?, perguntava-se Alicia, olhando a câmera e já determinada a encontrar a resposta.

Tentou contatá-lo na Itália, em abril de 1991. Tarde demais. O consumo da cocaína fora comprovado e Maradona já tinha ido para a Argentina. Que fazer? Alicia tomou o trem para Nápoles e aí entrevistou todo mundo, do treinador aos intelectuais maradonálatras. Queria saber como Diego em 1984 se tornou o amor de Nápoles e como, depois de ter sido a alegria dos napolitanos durante sete anos, passou a ser objeto de tamanho ódio.

Nesse processo em que a escritora descobre a máquina trituradora de futebolistas, ela atina com o artista Maradona, o quase anão canhoto, cuja perna esquerda era mais grossa do que a direita e parecia ver com os pés, "corria como uma imensa aranha negra e peluda, multiplicando as suas patas", um futebolista que ela diz ser um poeta, como aliás Garrincha.

O resultado é um livro lúcido e lúdico, onde ficamos sabendo que os argentinos de Buenos Aires preferem Nápoles a qualquer outra cidade do mundo porque "os imigrantes napolitanos deixaram como herança um gesto que consiste em unir os cinco dedos da mão para perguntar: Por quê?". Um texto que narra uma história trágica, privilegiando o humor e o estilo barroco dos artistas latino-americanos, um hino de homenagem ao Sul.

Eva Perón

Depois de Maradona sou eu, *Dujovne Ortiz publicou* Eva Perón*, *e nos falou sobre este trabalho numa longa entrevista.*

BM — O que deve o biógrafo fazer?

ADO — Pesquisar nos arquivos, falar com os que conheceram a pessoa, mas também pensar no que não foi dito, no que foi ocultado, um trabalho que os biógrafos em geral não querem realizar. Afirmam que não têm o direito de fazer isso. Já eu acho que o biógrafo deve, sempre que possível, interpretar.

BM — O que a sua biografia traz de novo sobre Evita?

ADO — Mostra uma outra face da relação entre Perón e Evita. É a primeira vez que as testemunhas, por já estarem velhas e decepcionadas com o menemismo, sugeriram que a relação entre os dois era terrível. Da parte de Perón, um grande maquiavelismo, uma relação de contínua utilização. Era o tipo do sedutor que só existe através do outro. Já Evita idealizava Perón.

BM — O que a levou a escrever este livro?

ADO — O Hector Bianciotti, que além de escritor é diretor literário da Grasset, me telefonou encomendando a biografia e eu aceitei. Só depois, quando comecei a pensar no assunto, entendi que era fundamental para mim escrever essa biografia, que explica até a razão pela qual estou na França. A minha

* Paris, Grasset, 1995.

família era antiperonista, mas eu chorei quando Evita morreu, chorei porque havia uma dor no ar, que uma criança de doze anos não podia deixar de sentir.

BM — Os títulos dos capítulos lembram títulos de capítulos de romance. Qual a relação entre a biografia e o romance?

ADO — Não quero fazer uma teoria geral sobre isso. Posso dizer qual é a minha relação com a biografia, um gênero que obriga a estabelecer um pacto com a verdade. Trata-se de uma limitação que, no meu caso, foi absolutamente liberadora. Tive de respeitar as múltiplas verdades de Evita e, com isso, me senti mais escritora do que nunca.

BM — Será que você poderia falar do livro a partir dos títulos dos capítulos?

ADO — O primeiro capítulo se chama "A ilegítima". O pai de Evita teve cinco filhos com a mãe dela e depois desapareceu. A infância de Evita foi marcada por esse fato. O segundo capítulo se chama "A atriz" e corresponde ao momento em que Evita chega a Buenos Aires, a capital, para se tornar atriz, vocação que era tão forte quanto a sua ambição. O terceiro capítulo é "A amante", o momento em que Evita encontra Perón e ascende ao poder através da cama. O coronel é ministro da Guerra e depois se torna vice-presidente da República. Ela o apóia com o seu poder radiofônico. O quarto capítulo é "Reconhecida". Corresponde à revolução de 17 de outubro de 1945, o momento em que Evita se sente reconhecida pelo povo e por Perón e estabelece com quem a legitima uma relação de reconhecimento. Evita teve sempre uma dívida com Perón, dívida que ela acabou pagando com o sacrifício do próprio corpo, da saúde. O quinto capítulo é "A esposa" e diz respeito ao papel de esposa do presidente. Ela aí começa a forjar para si uma nova identidade. Tenta se vestir de uma outra maneira, porém comete erros terríveis. Evita, nessa época, assina Maria Eva Duarte de Perón, escrevendo Maria Eva Duarte com letrinhas minúsculas e Perón em letras garrafais. O sexto capítulo se chama "A mensageira" e corresponde à viagem para a Europa. Dizia-se que Evita parecia um arco-íris de beleza. A gente se pergunta se Perón não teria aproveitado o arco-íris, que também era uma cortina de fumaça, para fazer Evita depositar na Suíça o fabuloso tesouro dos nazistas, o tesouro de Martin Borman. Seja como for, Evita se torna ela mesma durante a viagem. Atinge o nível estético, a beleza perfeita que farão dela uma personagem; nasce para si através da ida para a Europa. Os argentinos não se tornam eles mesmos antes de viajar para a Europa, para a meca. O sétimo capítulo do livro é "A fundadora". Corresponde à inauguração da Fundação Eva Perón, onde ela trabalhou sete anos durante vinte horas por dia, atendendo centenas de miseráveis, inaugurando clínicas, abrigos para mulheres sós, creches etc. São anos de um enorme trabalho. Evita, nesse período, usa um *tailleur* e os cabelos sempre presos, um coque que exprimia a sua maneira de existir, sempre centrada num mesmo ponto, no trabalho. Não há mais flutuação alguma, é Evita absolutamente decidida. O oitavo capítulo do livro é "A renunciadora" e diz respeito à mulher que admite se apagar porque esse é o desejo do seu homem, de Perón, que a inveja. Ela tenta se tornar vice-presidente da Argentina, mas Perón se opõe e ela renuncia. Nesse dia, começa a morrer, o câncer se torna fatal. O último capítulo do livro se chama "A mártir, a múmia, a santa e a avó". A mártir porque a doença foi um sofrimento atroz. A múmia porque ela foi mumificada — o seu cadáver foi roubado pela Revolução Libertadora, apunhalado e depois entregue a Perón, que teria dispensado o presente. A santa porque o povo a santificou — em cada cidade argentina existia um altar para Evita e as velas estavam sempre acesas. A avó porque, se Evita não tivesse renunciado à sua ambição pessoal, ela teria se tornado uma avó robusta.

BM — Evita é filha ilegítima e Perón só é filho legitimado

aos seis anos. Gostaria que você falasse da relação entre a falta do pai e o peronismo.

ADO — É evidente que o peronismo é uma procura do pai, como as outras ditaduras latino-americanas, com a diferença de que Perón era um pai sorridente e não um pai feroz. Na época se dizia que não era uma ditadura e sim uma *ditamole*. A especificidade do peronismo é que, no topo do sistema, havia um homem e uma mulher. Foi a única vez que isso aconteceu na América Latina. Perón teve o mérito de valorizar o elemento feminino.

BM — Evita veio do nada e se tornou a primeira-dama da Argentina. Que fatores determinaram a ascensão dela?

ADO — A ambição e o encontro com o coronel, que procurava uma mulher do rádio. Perón conhecia bem a Itália mussoliniana e sabia da importância do rádio. Evita fez tudo o que pôde para chegar até ele e, quando o encontrou, mostrou bem que não era somente a mulher do presidente. Evita sempre considerou que o amor era um meio para se tornar ela mesma.

BM — Como explicar o poder encantatório de Evita, que aliás se perpetuou mesmo depois da morte?

ADO — Pela crença absoluta no que ela dizia e pela linguagem, que era de uma pobreza extrema, a linguagem do rádio. Evita também conseguia encantar pelo ritmo do seu discurso, um ritmo que vinha das entranhas. O que ela dizia não importava. O povo gostava de ouvi-la repetir sempre a mesma coisa, se deixava encantar pela reiteração das mesmas palavras.

BM — Por que você escreve na biografia que a verdadeira história de Evita começa em 1947, quando ela volta da turnê pela Europa e retoma o seu trabalho na Secretaria?

ADO — Até então ela tinha muitos problemas sociais, era muito desprezada pela oligarquia. As pessoas riam muito da sua roupa, do seu penteado. A viagem para a Europa foi mágica, ela cumpriu um ritual de classe social, passou a se vestir como uma deusa. Quem fazia a roupa dela era Christian Dior. Ela tinha encontrado os grandes deste mundo, que, em troca de um navio de trigo, se ajoelhavam diante dela. Em três meses, Evita havia se tornado uma grande dama e, ao voltar, se dedicou à unica coisa que de fato a interessava: a ação social.

BM — Você se reconciliou com Evita por causa da ação social?

ADO — Sim, como não respeitar uma mulher que trabalhou vinte horas por dia durante anos? A gente pode não estar de acordo com o princípio da distribuição direta, que se fundava numa ilusão econômica. A abundância do peronismo era fictícia, não era um programa econômico racional e a prova disso é o que aconteceu depois. Só que Evita passava horas escutando os miseráveis e os atendia. Porque ela queria ser amada, claro, por razões de propaganda. Mas será que a gente se mata por razões de propaganda?

BM — No fim da guerra, os industriais alemães e os chefes nazistas transferiram os seus bens para o exterior, onde criaram novas indústrias. Entre os países escolhidos estava a Argentina. Você poderia dizer por que as relações entre o nazismo e o peronismo foram tão estreitas?

ADO — Existe o pragmatismo de Perón. Ele dizia que a máquina alemã estava vencida, porém os técnicos e os cientistas que tinham construído a máquina estavam vivos. Todos os países do mundo queriam esses homens. Até aí o cinismo de Perón é igual ao das grandes potências mundiais. No entanto havia 4 mil criminosos de guerra nazistas em Buenos Aires, que foi a meca dos criminosos de guerra. Mengele passeava livremente, sequer trocou de nome. Perón considerava que o nazismo havia cometido excessos nos campos de concentração, mas que o nazismo era uma saída. Essa é a parte da história que eu não posso aceitar nem perdoar.

BM — No Brasil, a questão da identidade, a do "quem sou

eu?" ou "quem somos?", como quis um ex-ministro da Cultura, é uma questão da elite. Você diz no seu livro que esta questão é herdada da Europa. Seria possível explicar?

ADO — A Europa tem ainda, ou teve, até agora uma ilusão de identidade única. Com a mistura atual, essa ilusão vai acabar. Em duas ou três gerações, a Europa vai ser como a América Latina. Basta sair na rua para ver a cor variada das crianças. A Argentina herdou da Europa a mesma ilusão de identidade única. Os argentinos se perguntavam "quem sou?" desejando responder como o avô espanhol ou italiano, quando a realidade era outra.

BM — Os argentinos têm com o imaginário a mesma relação que nós brasileiros. Vêem nele a sua via de saída. Mas os argentinos são filhos do tango, que sempre faz a gente ouvir um gemido, um ai, e nós somos filhos do samba, que exalta a alegria. Você diria que nos diferenciamos pela nossa relação com a dor?

ADO — A alegria, no Brasil, vem da riqueza imensa que é a população negra e ela remete ao presente. A Argentina viveu até aqui voltada para o passado, para a terra perdida que não volta mais. Contudo, não se pode dizer que o samba salva o brasileiro e o tango não. Todo gesto realizado com profundidade e, de maneira perfeita, pode nos salvar.

Adendo

Já em 1992, com *Maradona sou eu*, Alicia Dujovne Ortiz havia mostrado quem são os argentinos no imaginário deles mesmos e no dos outros.

Com a biografia de Evita, *Eva Perón*, escreveu um livro que nos interessa porque, ao mostrar a relação entre o *peronismo* e a falta do pai, leva a refletir sobre o destino político do Brasil. Podemos nós escapar ao autoritarismo e chegar a uma verdadeira democracia com tantos milhões de crianças a quem falta um pai? Adultos futuros a quem não será dado estranhar algum chefe de Estado que se apresente como pai e, como Getúlio Vargas, diga: "A Lei, ora a Lei..."

O livro nos diz respeito e nós, por meio dele, nos espelhamos nos argentinos. Ao ler, por exemplo, que a Argentina tem uma história curta e cultiva o esquecimento ou que, para eles, a fantasia é que é real.

Mas *Eva Perón* também merece ser lido pela história que a autora, com seu talento de romancista, narra divinamente bem, fazendo o leitor se entregar com tanta fé quanto a fé que levou Eva Maria Ibarguren, filha bastarda de um latifundiário e de uma mãe que teria sido trocada por um jumento, a se tornar Eva Perón e depois Evita, a madona de cabelos loiros.

Eva não nasceu de Perón, que utilizou incansavelmente a imagem carismática da esposa. Cada momento da vida da que um dia se tornaria Evita anuncia o que vai acontecer depois, como mostra a bela biografia de Dujovne Ortiz.

Bela pela arte de que é capaz uma escritora de verdade e não uma simples biógrafa, elevada à condição de escritora por algum artifício do mercado editorial. Um exemplo de beleza é o fragmento sobre a transfiguração de Evita de morena em loira: "O ouro transfigurava esta morena de brancura opaca, conferia-lhe uma palidez estranha, que a sua doença futura tornaria sobrenatural. A transparência da sua pele era acentuada pelo contraste com a tintura, artifício aliás não-dissimulado. As tintas, não tendo ainda alcançado a perfeição de hoje, não pretendiam fazer a cor exagerada parecer natural. Era um ouro teatral e simbólico, cuja função era a mesma das auréolas e dos fundos dourados na pintura religiosa da Idade Média: a de isolar as personagens sagradas, mantê-las longe das cores da terra, do peso e volume, longe da carne opaca que ocupa um espaço e projeta uma sombra. Na Argentina dos anos 40, como na de hoje, as atrizes e as burguesas sonhavam em se tornarem loiras, adotarem a cor prestigiosa imposta pela civilização do Norte. Ser loura significava, e significa ainda, escapar à maldição do Sul*."

Além de ser o grande texto escrito sobre Eva Perón, a biografia feita por Alicia Dujovne Ortiz é grande porque escapa aos limites usuais do gênero. Não procura, em momento algum, dizer *a Verdade* sobre Evita, capturá-la numa imagem única. Talvez porque o escritor saiba espontaneamente o que o psicanalista só sabe graças à teoria, ou seja, que *A Verdade não existe*** e que o Eu único é uma ilusão. A autora deixa estar tantas Evitas quantas existiram na realidade: a frívola, a cúpida, a manipuladora, a insolente... Não é vítima do mito da coerência que compromete outras biografias.

**Op. cit.*, p. 89.

**Jacques Lacan.

Descendente de imigrantes de várias nacionalidades, Dujovne Ortiz soube ainda evidenciar a importância das diferentes culturas na história de Evita, em que tanto pesa, por exemplo, o machismo argentino — capaz de espalhar pela terra filhos bastardos — quanto o voluntarismo basco — capaz de transformar uma provinciana inculta na primeira-dama do país.

Last but not least, esta biografia surpreende por certas considerações luminosas. "Cada um comete o erro que lhe está destinado*", afirma a autora, referindo-se tanto aos intelectuais que, em 1945, na Marcha da Constituição e da Liberdade só souberam se opor a Perón com a *Marselhesa* quanto aos operários que erraram elevando a chefe supremo da nação um pai que transformou a oitava potência mundial num país quase subdesenvolvido.

**Op. cit.*, p. 119.

Françoise Giroud

Grande dama do jornalismo francês, Françoise Giroud nasceu em Genebra em 1916. Começou a sua carreira como assistente de Jean Renoir para *A grande ilusão*. De 1945 a 1953, dirigiu a revista *Elle*. Depois foi co-fundadora da revista *L'Express*, em que trabalhou durante vinte anos participando de todos os combates políticos — particularmente os da guerra da Argélia. Foi secretária de Estado da Condição Feminina de 1974 a 1976 e secretária de Estado da Cultura de 1976 a 1977. Em 1989 recebeu o prêmio da Academia Internacional Médicis de Florença pelo conjunto da sua obra.

Os homens e as mulheres* *é o nome do best seller lançado por Françoise Giroud e Bernard-Henri Lévy.*

São dez conversas de verão sobre o amor e o desamor, à sombra de uma figueira, entre uma grande dama, de 76 anos, da sociedade francesa e o conhecidíssimo filósofo, de 44 anos.

**Les Hommes et les Femmes.* Paris, Éditions Olivier Orban. Publicado no Brasil pela editora Rosa dos Tempos, Rio de Janeiro, 1996.

Dez capítulos em que cada um fala do tema abordado, ora evocando a própria experiência ora citando Stendhal, Proust ou Baudelaire, em que tanto vale coincidir quanto divergir, porque o que interessa sobretudo é poder dizer. Assim, Françoise Giroud se autoriza a comentar que Bernard-Henri Lévy é muito mais jovem do que ela, mas faz pensar num seu tio-avô que não deixava mulher alguma da família trabalhar.

Trata-se de um exercício eminentemente francês, que possibilita discordar sem romper e, por isso mesmo, pode servir de exemplo para os dois sexos.

A seguir a entrevista concedida por Françoise Giroud, no seu suntuoso apartamento parisiense, pouco depois do lançamento do livro.

BM — Quem teve a idéia deste livro?

FG — A idéia foi do editor, que é um amigo pessoal do Bernard-Henri Lévy.

BM — Por que a senhora e por que o filósofo para falar dos homens e das mulheres?

FG — Decerto o editor procurava duas pessoas bem conhecidas, com espaço garantido nos meios de comunicação de massa.

BM — O livro é feito da transcrição de um diálogo. Por que esta forma e não uma troca de cartas, por exemplo?

FG — Desde o início pensamos numa conversa como, aliás, no século XVIII. A forma epistolar nem nos passou pela cabeça. Primeiro, nos reunimos para refletir sobre os capítulos que o livro teria e o estilo que deveria ser adotado. Achamos que seria importante falar da liberação das mulheres, da feiúra como injustiça fundamental, do sentimento amoroso, do ciúme, do amor como paraíso e como inferno, do erotismo, da fidelidade, da diferença entre os sexos, da sedução e dos seus jogos, bem como do casal. Depois de estabelecidos os capítulos, começamos a nos encontrar para conversar sobre os temas. Os encontros, que tanto podiam ocorrer de manhã como à tarde, duravam aproximadamente quatro horas.

BM — O articulista da revista *L'Express* faz o seguinte comentário, a propósito do diálogo que resultou no livro: "Eu a compreendo. Quanto a mim, eu também, não." O comentário sublinha a discordância e dá a entender que ela ocorreu afavelmente. Para Bernard-Henri Lévy, a feminilidade é indissociável do masoquismo. Já a senhora recusa esta idéia. Poderia dizer o porquê?

FG — O masoquismo feminino é um traço adquirido, é o resultado de uma longa educação, em particular da educação cristã, que ensinou as mulheres a serem resignadas, a aceitar tudo. Mas elas estão deixando de ser masoquistas. A prova é a dificuldade que existe hoje de recrutar enfermeiras.

BM — Verdade que sempre foram as mulheres que se ocuparam da dor. Cabe ensinar isso aos homens. Outro ponto de discordância entre a senhora e o seu interlocutor diz respeito ao combate feminista. Para ele esse combate mudou os costumes, mas não alterou em nada a linguagem das mulheres. O seu ponto de vista é diverso. Gostaria que falasse sobre isso.

FG — Acho que as mulheres mudaram muito nesses últimos vinte anos, e na origem dessa mudança está a pílula. É preciso ser cego para não perceber o que a pílula mudou na história da humanidade. De repente, a maior decisão que se pode tomar na vida, que é a de ter ou não um filho, está na mão das mulheres. Isso mudou a linguagem delas, bem como a maneira de ser. Por outro lado, as mulheres estão cada vez mais decididas a ser felizes. Perceberam que a felicidade é acessível, pelo menos no plano físico.

BM — A senhora diz no livro que até hoje as mulheres, na verdade, pouco falaram de si.

FG — Quase nada disseram da sua sexualidade. Foram os

homens que falaram da sexualidade feminina. Na verdade, ainda não existe uma literatura erótica escrita por mulheres.

BM — A senhora foi ministra da Condição Feminina no governo de Giscard d'Estaing. O que as mulheres teriam a ensinar aos homens quando no poder e o que teriam a aprender com eles?

FG — O comportamento das mulheres no poder é diferente. Elas são mais pragmáticas. Os homens tendem a falar, as mulheres a fazer. Mas os homens têm uma faculdade de sonho que as mulheres não têm, eles sabem secretar a utopia. A combinação dos dois é que é boa.

BM — O feminismo, que foi muito criticado na última década, voltou a ser um movimento importante nos Estados Unidos. O sucesso de *Backlash*, o livro de Susan Faludi, é a expressão deste fato. E o feminismo na França?

FG — O feminismo na França está tranqüilo. Não acabou, como se diz, mas é um feminismo contrário ao americano. Para as americanas, o inimigo é o homem. Para as francesas, não. Acham que têm direitos, porém não tomam os homens por adversários. Sabem que têm muito a conquistar, só que não têm a atitude reivindicativa das americanas, que, aliás, conseguiram provocar movimentos masculinos extremamente violentos. Isso é perigoso, provoca uma divisão na sociedade.

BM — A senhora diz no livro que a França é o país onde existe a melhor relação entre os homens e as mulheres.

FG — É um país onde não existe clube de homens, os homens não se reúnem sozinhos, as mulheres vão ao jogo de futebol. Os homens gostam de estar com as mulheres e as mulheres com os homens, ao contrário da Inglaterra, por exemplo. Aliás, diz-se que na Inglaterra nada é feito para as mulheres, nem mesmo os homens. Na França, tudo é feito para as mulheres.

BM — A senhora se diz contrária à coabitação dos cônjuges

ou dos amantes. Declarou que a simples ocupação do mesmo banheiro estraga as relações. Se tirássemos disso todas as conseqüências, seria necessário reorganizar a família.

FG — Não é possível fazê-lo por razões materiais. Se a casa não for pequena, se houver espaço, a coisa pode se resolver. Um quarto para cada cônjuge é o ideal. O fato de que não se possa nunca estar sozinho é abominável. É preciso ter a possibilidade de ficar consigo mesmo durante algumas horas.

BM — A senhora diz que o amor não está na moda. Seria bom que estivesse?

FG — Mal não faria. Parece, aliás, que a moda está voltando. Infelizmente, é por causa da Aids.

Hector Bianciotti

Hector Bianciotti é uma das grandes figuras do migrante cultural moderno. Nasceu em 1930, na Argentina, e é filho de camponeses italianos originários do Piemonte. Deixou seu país em 1955, indo para Roma, Madri e enfim Paris, onde chegou no ano de 1961. Publicou vários romances em espanhol — todos traduzidos. Com *O tratado das estações*, ganhou o Prêmio Médicis estrangeiro, em 1977, e, com *O amor não é amado*, o Prêmio Melhor Livro Estrangeiro, em 1982. A despeito dos seus esforços para preservar a língua materna, passou ao francês. Com o romance *Sem a misericórida do Cristo*, ganhou o Prêmio Femina. Depois da edição, em 1955, de *O passo tão certo do amor*, foi eleito para a Academia Francesa de Letras. É crítico literário do jornal *Le Monde*.

"Quem conta um conto, aumenta um ponto", diz o adágio popular, dando a entender que não há como narrar sem inventar. Não seria precisamente para inventar que o contador se põe a narrar, para transfigurar com as suas palavras a história e se realizar enquanto sujeito?

Quem conta escrevendo a própria vida o faz também no anseio de se transformar por meio da reconstrução do passado. Bastaria isso para situar a autobiografia no campo da ficção, em que o biógrafo se exerce por mais que insista no "testemunho verídico", idéia, aliás, encobridora da sua fantasia.

Isso não poderia ter escapado aos analistas, mas foi um literato que, por valorizar a imaginação, pôs os pontos nos is, negando a possibilidade da autobiografia e criando um gênero literário: o da autoficção. Trata-se de Hector Bianciotti, que, em 1992, publicou O que a noite conta ao dia*, *uma autoficção por meio da qual rememora a vida nos pampas — extensão infinita onde o cavaleiro galopa sem saber como é o além —, o cotidiano na Argentina de Perón — onde todos eram delatores e suspeitos — e a trajetória no exílio, a de um latino-americano saído "de mais baixo ainda do que o povo" e só tendo como recurso o talento para se impor como escritor.*

Bianciotti concedeu a entrevista no seu apartamento parisiense, nas proximidades do Marais, onde ele chegava da Bélgica, e me surpreendeu ao dizer que só fez duas viagens na vida, uma da Argentina para a França e a outra da língua materna para a francesa.

BM — A propósito de seu último livro, você diz que se trata de uma autoficção e não de uma autobiografia. Por quê?

HB — A memória e a imaginação trabalham juntas. Nós não lembramos do fato em si, mas da última vez que nos lembramos dele. A autobiografia é simplesmente impossível, daí o termo autoficção.

BM — Termo, aliás, introduzido por você na literatura.

**Ce que la Nuit raconte au Jour.* Paris, Grasset, 1992.

HB — Sim.

BM — Qual a diferença entre a autoficção e o romance?

HB — A autoficção é um romance com base nos atos e experiências que formaram nosso ser e constituem nossa vida. Já no romance, a gente pode, por exemplo, inventar uma personagem a partir de duas ou três pessoas conhecidas e até mesmo de uma fotografia.

BM — A autoficção é ou não um modo de expressão narcisista?

HB — Quando a gente se aprofunda verdadeiramente na própria história, acaba tocando em pontos comuns a todos os seres humanos, que têm as mesmas angústias, padecem da mesma nostalgia do paraíso.

BM — Você seguiu algum plano na elaboração do livro?

HB — Escrevi as minhas experiências de modo cronológico e depois refleti sobre o que estava escrito, porque a gente é obrigado a fazer uma escolha crítica.

BM — Como se pontuasse a sua própria história.

HB — Sim, é de uma pontuação que se trata na autoficção.

BM — Por que o livro se chama *O que a noite conta ao dia*? Qual a razão deste título?

HB — A noite é o passado, o que está soterrado. O dia é o presente. Encontrei isso, aliás, num caderno onde escrevia palavras que poderiam servir para o título, que, finalmente, surgiu. Há um poema de Nietzsche chamado "A noite fala ao dia".

BM — No primeiro capítulo do seu livro você diz que todo ser humano nasce bem antes de ter nascido, que há, por assim dizer, um "desenho anterior". O que é isso?

HB — Quando digo que a gente nasce bem antes do nascimento, é porque não herdamos só os traços físicos, a cor dos olhos, da pele etc., mas também os sonhos, que não são necessariamente os da geração que nos precede. Às vezes, são sonhos de gerações mais antigas.

BM — Em que a história dos seus ancestrais determinou a sua?

HB — Conforme está no livro, nasci na província de Córdoba, nos pampas argentinos, um lugar tão aberto que dá a impressão de que não se pode sair, precisamente por não haver obstáculo algum. O horizonte é longe quando a gente cavalga nos pampas. Éramos sete irmãos. Quando eu era pequeno, eles me chamavam de Mosca Branca, porque eu sempre dizia que era preciso partir, deixar a terra. Isso vinha do fato de que meu pai tinha uma grande nostalgia da cultura européia. No lugar onde eu nasci não havia escola, só um professor que vinha em casa. Tínhamos um rádio, meu pai assinava um jornal importante e minha irmã, uma revista feminina mensal, onde havia fotos das pessoas da alta sociedade, cujos modos eram inteiramente diversos dos nossos. Aos onze anos meu pai me mandou para um colégio de franciscanos em Córdoba e foi assim que eu deixei o campo. Depois entrei no seminário e daí fui para o serviço militar. Quando me dispensaram, me mudei para Buenos Aires, onde fiquei quatro anos, sempre com a idéia de partir. Trabalhava no teatro e, um dia, meus amigos organizaram um espetáculo para me comprar uma passagem para a Europa.

BM — Quer dizer que foi graças aos amigos que você chegou ao "mundo dos livros", o mundo em que depois se realizou como escritor?

HB — Sim.

BM — Você diz, no seu livro, que os argentinos são europeus no exílio, como Borges também dizia. Isso não acontece com os brasileiros, mesmo quando descendem de europeus. O que explica o exílio dos argentinos na Argentina?

HB — O exílio vem do fato de que a metade do país

descende de imigrantes italianos que chegaram entre 1880 e 1900, no final do século passado. Portanto, a cultura italiana era marginalizada pelas classes dominantes, pelos descendentes dos conquistadores, os que possuíam a terra e eram francófilos.

BM — Depois de ter sido um europeu no exílio, você se tornou um estrangeiro na França. E hoje é um escritor de língua francesa. Gostaria de saber como foi que passou de uma língua para outra e se essa passagem foi a condição para que saísse do exílio.

HB — Conto no meu livro que já era francófilo, mesmo antes de conhecer a revista *Sur*, de Vitorio Ocampo. Desde doze anos gostava muito de Rubén Darío, que mudou toda a poesia espanhola e cujas principais fontes eram Verlaine e os simbolistas. Por meio de Darío, entrei em contato com a literatura francesa. Aos quinze anos, comecei a estudar sistematicamente os poetas e procurava sempre ler no original, em francês. Quando cheguei em Paris, fui contratado pela Gallimard e, portanto, precisava redigir comentários sobre os livros. Quando meu segundo romance escrito em espanhol foi publicado na França, o diretor do jornal *La Quinzaine Littéraire* me pediu um artigo. Escrevi um, ele pediu outro, e daí a revista *Le Nouvel Observateur* me chamou. Trabalhei quatorze anos na *Nouvel Observateur* e daí escrevi o meu primeiro romance direto em francês.

BM — Você não escreve mais em espanhol?

HB — Não. Me sinto mais à vontade em francês do que em espanhol. Quando estava na Espanha, antes de vir para a França, trabalhei como ator. Para que o meu trabalho dispensasse a dublagem e não saísse caro, eu falava o espanhol castiço e me dei conta de que o corpo todo mudava. Minha postura era outra, tinha um gesto heróico que não tem nada a ver comigo. O francês é uma língua que valoriza a intimidade. Quando a gente diz *o pássaro* em francês, *l'oiseau*, é como se o pássaro estivesse no ninho. Já quando a gente diz *el pajaro*, o pássaro está voando.

BM — Em síntese, o que é a literatura para você?

HB — Talvez seja a arte de não chamar as coisas pelo seu nome, de utilizar a linguagem de um modo evocativo e de se deixar levar pelas palavras.

Françoise Sagan

O primeiro romance de Françoise Sagan, *Bom dia, tristeza*, escrito em 1954, quando ela só tinha dezoito anos, foi um sucesso mundial. Depois, o talento da autora só fez se confirmar e ela escreveu mais de quarenta livros. Além dos romances, publicou ensaios e peças de teatro.

Se Françoise Sagan é sobretudo conhecida por causa de um romance trágico, Bom dia, tristeza, *ela também é uma apologista do riso, tema de um dos textos do seu último livro,* E com toda a minha simpatia*, *onde afirma que no gosto do riso existe generosidade e inocência.*

E é com toda generosidade que a escritora ali retrata algumas grandes personalidades femininas e masculinas contemporâneas: Ava Gardner, Catherine Deneuve, Fellini e Gorbatchev. Assim, sobre Ava Gardner — de quem teria sido "um pouco cúmplice durante o mês da filmagem de Mayerling" *— ela escreve que "nenhum homem a imaginava fiel... porque era sempre vista no meio de muitas malas e ao lado de*

**Et avec toute ma Sympathie.* Paris, Julliard, 1993.

um amante novo disposto a carregá-las". Sobre Catherine Deneuve, que é frágil mas corajosa. Afirma ainda que, "ao falar de si na primeira pessoa, não invoca uma terceira, diante da qual o interlocutor teria de se prosternar, ao contrário de muita gente".

Françoise Sagan, que aos quase sessenta anos merece o epíteto de jovem e também não requer a prosternação alheia, não se deixou intoxicar pela glória, como se pode constatar pela entrevista que me concedeu no seu apartamento da rue de l'Université, que é grande e despojado, apesar dos muitos quadros nas paredes e de um luxuoso piano preto de cauda no salão.

BM — *E com toda a minha simpatia* é o título do seu último livro. Nele você traça o perfil de duas estrelas de cinema, Ava Gardner e Catherine Deneuve; de uma escritora, George Sand; de um cineasta, Federico Fellini, e de Gorbatchev. Por que essa escolha?

FS — Escrevo entrevistas para uma revista francesa que sai a cada dois anos, e eles me pediram uma entrevista sobre Deneuve e Fellini. Sobre George Sand eu escrevi por causa da mitologia em torno dela, porque as pessoas têm uma visão deformada dos romancistas. Ava Gardner eu conheci há dez anos e escrevi o artigo quando ela morreu.

BM — Você diz, no seu livro, que algumas mulheres, como Greta Garbo, passaram a metade da vida fugindo da celebridade. Outras, como Bardot, quase morreram por causa dela e outras morreram por não a terem conquistado. *Bom dia, tristeza*, seu primeiro livro, foi um sucesso mundial. Você o publicou em 1954, com dezoito anos, e ele lhe valeu a celebridade. O que lhe custou a glória e o que trouxe de positivo?

FS — De positivo, o fato de que me livrou do desejo do sucesso. Todo mundo quer ter sucesso quando faz alguma coisa.

Eu tive, e muito, de modo que não sonhei mais com ele. Por outro lado, me trouxe a independência econômica. De negativo, só o fato de que me privou da possibilidade de estar incógnita nos lugares.

BM — Daí por diante, você passou a sonhar com o quê?

FS — Eu sonhava com a literatura e continuei a sonhar com ela.

BM — Mas o que significa sonhar com a literatura para você?

FS — Imaginar que se vai escrever um livro sublime.

BM — Quais os autores que escreveram livros sublimes?

FS — Muitos, Stendhal, Proust, Dostoievski, Hemingway, Fitzgerald...

BM — Quando você escreveu *Bom dia, tristeza*, pensou primeiro na história ou nas personagens? A questão pode lhe parecer estranha, faz tantos anos que o romance saiu, mas a estrutura dele é ótima.

FS — Comecei pelo começo, simplesmente.

BM — Você tinha uma história na cabeça?

FS — Tinha a idéia de duas personagens principais, o pai e a filha, e de uma personagem secundária, uma das mulheres, mas não sabia o que fazer com isso.

BM — Como foi que escreveu o livro?

FS — Tinha dois caderninhos e escrevia na Sorbonne, durante as aulas, e nos cafés.

BM — A heroína de *Bom dia, tristeza*, que era particularmente livre, dizia: “A felicidade sempre me pareceu uma ratificação, um sucesso.” O que são a liberdade e a felicidade para você?

FS — Sartre dava uma bela definição da liberdade. Dizia que a liberdade é querer o que a gente pode. A felicidade é um estado de alma, mais ou menos romântico, mais ou menos solitário.

BM — A liberdade é algo a que a gente chega, uma conquista?

FS — Inútil procurar a liberdade, ela acontece. De repente, a gente encontra alguém e se sente livre, vai mentalmente para um outro lugar.

BM — E na escrita?

FS — Aí, a gente se sente livre, mas está concentrado no que faz e, ao contrário, não se ausenta.

BM — Mas, ao se concentrar no que está escrevendo, a gente se projeta num universo que não é o da vida cotidiana. A gente se transporta.

FS — Não, a gente transporta. Quer dizer, a gente faz vir em direção a si, traz para perto de si.

BM — Você começou pelo romance e depois passou para o teatro. O que foi que a fez passar de uma para outra forma literária?

FS — Foi por acidente.

BM — Sim, mas são duas formas de expressão muito diferentes.

FS — Uma peça é mais fácil de escrever, é só seguir o jogo das personagens e a gente necessariamente alcança o fim.

BM — Você, na verdade, tentou todos os gêneros literários: romance, teatro, poesia.

FS — Poemas, eu escrevi muitos, mas não foram publicados.

BM — O seu texto sobre o riso, em *E com toda a minha simpatia*, é um texto filosófico.

FS — Não, eu não tenho base filosófica.

BM — Você começa contestando Bergson, filosofa à maneira de um romancista. Há uma frase no livro que me tocou muito: "Os homens estilizam, enquanto as mulheres urram silenciosamente para a lua."

FS — É mais poética do que outra coisa essa frase.

BM — Mas revela grande simpatia pelas mulheres. No livro

E com toda a minha simpatia você faz a apologia do riso e escreve que ele propicia ao mesmo tempo o prazer e o orgulho.

FS — O riso é motivo de orgulho. Rir, apesar disso ou daquilo, é uma coisa boa. É preciso ter coragem para rir.

BM — O que mais te faz rir na vida?

FS — Certos detalhes, pessoas engraçadas, alguém que cai na rua.

BM — A sua apologia do riso fez com que eu me perguntasse se você conhece a cultura brasileira do riso, a cultura do carnaval.

FS — Fui ao Brasil uma vez. Gostei muito. Foi há quinze anos. Estive no Rio, na Bahia e em São Paulo.

BM — Você viu o carnaval?

FS — Não.

BM — O Brasil tende a ser alegre, apesar da miséria. O riso e a miséria não são excludentes.

FS — Verdade.

BM — A França não é propriamente um país onde as pessoas riem muito.

FS — Depende do meio.

BM — O meio universitário é assustadoramente sério.

FS — Nem me fale.

BM — O pior é que a sisudez francesa se exporta... Você se diz preguiçosa e, no entanto, já escreveu quarenta livros, já foi publicada na coleção Bouquins, que reúne os clássicos. Como seria se você não fosse preguiçosa?

FS — Sim, eu sou preguiçosa, pois faz trinta anos que escrevo e só escrevi treze romances e sete peças. Como eu escrevo rápido, poderia ter escrito mais.

BM — Os franceses tendem a escrever obras imensas. Sempre me espanto com a idéia de que é preciso produzir muitos livros. Afinal, quando a gente pensa em Fitzgerald, é em *O grande Gatsby* que a gente pensa. É possível que cada autor tenha um único livro a escrever. Flaubert escreveu mais de um livro, mas no exterior ele é lembrado por *Madame Bovary*.

FS — No exterior. Verdade que ele tinha condições econômicas.

BM — Você também tem.

FS — Não, sou obrigada a escrever para viver, porque não sei fazer economia. Se eu pudesse, só escreveria poemas.

BM — Por quê?

FS — Porque a poesia é o mais difícil.

BM — Alguns críticos franceses a consideram uma escritora superficial.

FS — Eu pouco me importo com isso.

BM — O que é que você pensa da crítica na França?

FS — Só falam da minha vida pessoal, nunca falam das minhas idéias, das minhas obras. Mas há uns dez anos as coisas têm melhorado.

BM — Você me falou dos escritores de que você gosta e entre eles não há nenhum lusófono. Você, que tanto aprecia a poesia, conhece Pessoa?

FS — Sim. Quais são os melhores romancistas brasileiros?

BM — Guimarães Rosa, por exemplo. Há um livro de um outro autor ótimo que acaba de ser publicado na França, *Os sertões*. Saiu há cem anos no Brasil e descreve uma guerra religiosa no sertão da Bahia. Trata-se de uma epopéia.

FS — Quem escreveu?

BM — Euclides da Cunha. Ele era jornalista e foi fazer a cobertura da guerra para o jornal. Outro texto traduzido, que vale a pena ler, é *O alienista*, de Machado de Assis. Uma pequena obra-prima, um romance que antecipou a antipsiquiatria.

FS — Interessante.

BM — Você disse numa das suas entrevistas que gostaria de

entrar para a Academia Francesa para deixar de ter problemas com a polícia*. Verdade?

FS — Sim. E, seja como for, eu não entrarei jamais para a Academia Francesa. Isso, aliás, não me interessa, não gosto de condecorações, de honrarias.

BM — Obrigada. Foi ótimo entrevistá-la.

---

*Por causa do consumo de drogas.

MICHÈLE SARDE

Depois de ter publicado uma biografia sobre Colette que recebeu um prêmio da Academia Francesa de Letras, Michèle Sarde se tornou famosa pelo ensaio *Olhar sobre as francesas*, igualmente premiado pela Academia. Além de ensaísta, é romancista, autora de *O desejo louco* e *História de Eurídice durante a subida*. Vive em Washington e é professora universitária em Georgetown, onde preside a Associação para os Estudos Culturais Franceses. Nasceu em Dinard, na França.

Você, Marguerite Yourcenar* *é o título do livro lançado por Michèle Sarde sobre a grande escritora francesa, a primeira mulher a entrar para a Academia.*

Para saber como Yourcenar procedia ao escrever seus romances, por que se exilou nos Estados Unidos, entrevistei Michèle Sarde no seu apartamento de Paris, onde todo ano ela passa as suas férias de verão.

---

* *Vous, Marguerite Yourcenar*. Paris, Laffont, 1995.

BM — O que a levou a escrever uma biografia de Yourcenar? Foi o fato de viver nos Estados Unidos há tantos anos, distante da Europa, como ela?

MS — Há muitas razões pelas quais a gente escreve um livro. Mas foi determinante o fato de ela ter passado cinqüenta anos da vida no exílio e nele ter construído sua obra. Queria saber como alguém conseguia preservar sua língua a uma tal distância do país de origem. Uma outra razão é que eu havia escrito uma biografia de Colette, e Yourcenar é, para mim, o outro extremo da feminilidade. Aquela se entregava às sensações, esta era uma intelectual. Houve quem dissesse que a escrita de Colette era feminina, enquanto Yourcenar escrevia como um homem. Mas, ao desenvolver o meu trabalho, me dei conta de que elas eram menos diferentes do que se poderia supor. Existe em Yourcenar uma grande sensibilidade à natureza, aos animais, aos seres e, como em Colette, um desinteresse pela glória.

BM — Em que o seu livro se diferencia das biografias de Yourcenar já existentes?

MS — Não quis escrever uma biografia no sentido tradicional do termo. No fundo, o que me interessava era fazer o que a própria Yourcenar fez quando escreveu as *Memórias de Adriano* ou o *Labirinto do mundo*, que são crônicas sobre a família. Criou as personagens por meio do que chamava de "magia simpática".

BM — O que é a "magia simpática"?

MS — Consiste, primeiro, em se colocar no contexto exato em que viveu a pessoa cuja vida a gente quer evocar. No caso de Adriano, por exemplo, isso implicou um trabalho de erudição. Ler os livros relativos à época e os que o próprio Adriano leu. No caso do pai de Yourcenar, implicou reconstituir fatos a partir de arquivos, lembrar as histórias que ele havia contado, ler as suas cartas. Depois da reconstituição, a gente deve se projetar na personagem, por uma espécie de ato de simpatia, no sentido literal do termo, ou seja, sofrer ou gozar junto. Foi o que eu fiz, me valendo menos de dados biográficos do que de textos literários, porque acho que um escritor se exprime muito fortemente nos seus textos e, se a gente os associa à época na qual ele viveu, consegue fazer um bom retrato.

BM — Mas você também usou a correspondência dela.

MS — Sim, porque estou preparando a edição das cartas, mas o meu livro pára na juventude de Yourcenar, e a correspondência foi escrita no exílio, período em que ela envelheceu. As cartas serviram para confirmar as minhas idéias sobre o período da juventude.

BM — Yourcenar não foi para os Estados Unidos em 1939 para ficar. Por que ficou, depois do fim da guerra?

MS — Por muitas razões. Existem certamente fatores acidentais e também uma escolha. Ela foi para os Estados Unidos por causa da guerra, porque não tinha um tostão e por causa do convite de Grace Frick, que depois se tornou sua companheira. Esses são os fatores casuais que a levaram a tomar o navio. Ela, aliás, hesitou. Pensou em ir à Grécia, como conselheira cultural, mas não conseguiu o cargo. Foi para os Estados Unidos, a guerra estourou e ela não pôde voltar para a Europa. Durante os anos 40, não escreveu nada. Foi um tempo de adaptação, que precedeu a escolha e, em 1951, quando *Memórias de Adriano* obteve um grande sucesso, ela resolveu permanecer nos Estados Unidos. Nesse momento, poderia ter voltado para a Europa, mas não quis.

BM — Por que ela não voltou?

MS — Certamente o desejo de não viver o que ela chamava de "vida imóvel", isto é, se incrustar nos hábitos e preconceitos de uma sociedade. Se ela tivesse ficado na França, sobretudo em Paris, teria sido fácil se acomodar. A gente poderia contra-argumentar que ela viveu nos Estados Unidos a mesma vida imóvel da qual queria fugir, mas ela não sabia disso quando tomou o navio. Pensava, então, que ir para a América era escolher a viagem. Acredito que tenha havido também um desgosto pela Europa, devido ao genocídio da guerra. Yourcenar escreveu sobre "o crime do homem contra o homem". Mas existem motivos ligados à própria obra para ela não ter voltado. Yourcenar queria escapar do meio literário francês e de todas as suas convenções. Disse mais tarde que o esnobismo parisiense a teria aprisionado, obrigado a repetir clichês estilísticos, e a única maneira de conservar a independência era permanecer na América. Além disso, ela procurava reconstruir a história humana. Ora, para se distanciar no tempo, nada melhor do que se distanciar no espaço, e a América era um território ideal, por ser um continente onde a memória histórica se apagou. Não há muitos monumentos, não há catedrais. Num certo sentido, isso propiciou o reencontro com o passado anterior ao passado histórico. É bem mais fácil visualizar a pré-história do homem na América do que na Europa, porque a história do homem oculta a sua pré-história. Nos Estados Unidos, ela deparou com o passado extremo, o que chamou em um de seus livros "a noite dos tempos". O exílio seguramente favoreceu o projeto literário dela.

BM — Numa carta a propósito de uma explosão no castelo da sua infância, Yourcenar diz: "Roma não está mais em Roma, ela está onde estou." Trata-se de uma frase de escritor exilado ou de uma frase que qualquer escritor poderia ter dito?

MS — Todo escritor poderia dizer esta frase, porque todos, de certa maneira, estão exilados, mesmo na sua cidade natal. Verdade que, para quem ficou cinqüenta anos no exterior como ela, a frase tem outra ressonância. Mas ela queria dizer que o tempo destrói os lugares onde a gente viveu e só a imaginação, o trabalho da criação artística e literária permitem reencontrar o tempo passado e se ligar à eternidade. Em Yourcenar há uma preocupação muito grande com a eternidade e ela suportou o exílio para alcançá-la. O último livro dela se chama *O quê? A eternidade*.

BM — O que era o exílio para Yourcenar?

MS — Ela dizia que era a renúncia a certos prazeres que a gente só consegue ter onde nasceu, como, por exemplo, ir a um bar e conversar com os amigos até bem tarde da noite, na língua materna.

BM — A identidade, para Yourcenar, só depende da língua?

MS — No fim da vida, quando ela se pergunta de que é feito o seu sentimento de identidade, refere-se à infância, à raça e à língua. A infância, ela reconstituiu nas suas últimas crônicas da família. É o único elemento autobiográfico que temos e eu acredito que ela tenha feito essa reconstituição precisamente por já estar então bem afastada da infância. A raça diz respeito à linhagem, aos ancestrais, à continuidade que a ligava à pré-história, e o que ela tentou fazer no *Labirinto do mundo* foi reconstituir toda a linhagem dos ancestrais, saber quem eram, como viveram. Por fim, existe a língua, o que restou para ela como elemento de ligação à sua cultura. O interessante é que ela foi a primeira mulher a entrar para a Academia Francesa de Letras e, embora tenha vivido cinqüenta anos no exílio, encarnou um certo ideal da língua francesa.

BM — Trata-se de um conceito de perfeição da língua que tem a ver com a idéia acadêmica de como a língua deve ser escrita e não com a estilização da oralidade. Yourcenar é o anti-Céline.

MS — Sim, é exatamente isso. Yourcenar era bastante conservadora.

BM — Três meses após a morte de Grace Frick, Yourcenar, então com 76 anos, viajou com um jovem fotógrafo homossexual, Jerry Wilson, que ela amou apaixonadamente. Era de se esperar que isso acontecesse?

MS — Durante muitos anos, por causa da doença de Grace Frick, Yourcenar ficou prisioneira em Petite Plaisance (Prazerzinho), como elas chamavam a casa em que viviam. São os anos de vida imóvel. Acho que a viagem com Jerry Wilson corresponde à volta ao nomadismo na vida dela. Do ponto de vista biográfico, isso nos remete ao pai de Yourcenar, que estava sempre viajando, vivia em hotéis, e dizia: "A gente não se importa, a gente não é daqui, a gente vai embora amanhã."

BM — Yourcenar tinha um péssimo sotaque em inglês, evitava escrever nessa língua e nunca se integrou nos Estados Unidos. Por que acabou adotando a nacionalidade americana?

MS — A nacionalidade para ela não tinha a menor importância. Adotou a nacionalidade americana em 1947, perdendo a francesa. Em 1980, foi necessário um processo para que ela a recuperasse e pudesse entrar para a Academia Francesa de Letras. Yourcenar deixou a Europa para escrever a sua obra e, por causa desta, a Europa foi até ela. A mídia atravessou o Atlântico e chegou a Petite Plaisance. No fim da vida ela descobriu que pertencia às diferentes culturas que amou, mas sobretudo à cultura francesa.

Jean d'Ormesson

Oficial da Legião de Honra e membro da Academia Francesa de Letras desde 1973, Jean d'Ormesson nasceu em Paris em 1925. É um fecundo romancista e ensaísta. A ele se deve a entrada, em 1981, da primeira mulher na Academia Francesa, Marguerite Yourcenar. Viveu no Rio de Janeiro, porque o pai foi embaixador da França no Brasil, e é membro da Academia Brasileira de Letras, onde ocupa o lugar que anteriormente pertenceu a André Malraux.

La Douane de Mer*, *é o nome do romance que Jean d'Ormesson lançou em 1994. Poderia ser traduzido por* A alfândega do mar.

Neste livro o narrador começa contando a sua morte em Veneza. Ao se despedir da cidade, ele topa com um espírito vindo de um outro planeta, de Urql, para fazer uma reportagem sobre a Terra. O espírito de Urql, cujo nome é A, não entende o que vê no nosso planeta, e o morto então se põe a

*Paris, Gallimard, 1994.

explicá-lo. Durante três dias, os dois percorrem o espaço e o tempo para redigir o texto que depois será lido pelos habitantes de Urql. Três dias em que o narrador se entrega a várias considerações sobre o amor, a vida e a morte.

Para ouvir Jean d'Ormesson falar do seu livro, fui encontrá-lo na sua sala da Unesco, onde ele é presidente do Conselho Internacional de Filosofia e Ciências Humanas.

BM — O narrador de *A alfândega do mar* é um morto que fala. Por que o recurso ao morto para falar da Terra e dos homens?

JO — Porque eu queria mostrar o quanto este mundo, que nos é tão familiar, é na realidade espantoso. O mundo só nos parece natural porque estamos imersos nele. Se estivéssemos fora, ele nos pareceria inteiramente inverossímil.

BM — Mas por que um morto?

JO — Tinha pensado em explicar o nosso mundo a alguém que poderia se espantar com ele, a uma criança, por exemplo. Mas uma criança já sabe muito sobre o mundo, sabe o que significa ter dor, o que é o espaço, tem uma idéia do que é o tempo. Teria sido necessário tomar um recém-nascido, mas com um recém-nascido a gente quase não fala. Assim, resolvi explicar o mundo a alguém originário de um outro lugar. Como não acredito nos fantasmas, nos redivivos, foi preciso que o autor morresse.

BM — Que ele se tornasse um espírito...

JO — Sim, e daí encontrasse um outro espírito, no além. Quando enfim tive esta idéia, disse para mim mesmo que o livro estava feito, só restava escrever.

BM — O livro é uma longa exposição. Nem o narrador nem o espírito de Urql se transformam através dela. Por que fazer um romance que supõe uma transformação dos personagens, e não um ensaio?

JO — Por duas razões. Uma que é, por assim dizer, alta e outra que é baixa. A primeira é que, neste livro, a filosofia tem um lugar importante. O livro podia ser um tratado de metafísica, que eu não escrevi por achar que o romance me deixava mais livre, permitiria refletir sobre coisas que teriam parecido evidentes demais num tratado. A segunda razão é que eu desejava ser lido e estava certo de que teria mais leitores com um romance.

BM — O narrador morto não lamenta a própria morte, só lamenta ter se separado da sua companheira, de Maria. A separação dos amantes conta mais do que a morte. Trata-se da tradição do amor cortês, Tristão e Isolda, Romeu e Julieta...

JO — "Romper com as coisas reais não é nada, mas o coração se quebra quando rompe com a lembrança." O texto é de Chateaubriand. A única coisa que a gente pode lamentar quando morre é a separação. O que mais alguém como eu, que viveu tanto, pode lamentar? Amei muito a vida, o mundo, os livros, e também as coisas muito baixas, gostei muito de carros, por exemplo.

BM — Como Picabia?

JO — Sim, e também gostei muito do dinheiro, como Dalí, porque o dinheiro dá liberdade. Gostei muito das viagens, que são uma coisa estúpida, gostei do esqui, do amor e, se alguém me perguntasse se eu acaso quero recomeçar, eu francamente hesitaria. A idéia de morrer me parece inteiramente aceitável, embora morrer deva ser muito chato. Não diria que quero morrer, mas aceito perfeitamente estar morto.

BM — Difícil é a passagem?

JO — Sim, ela é que é rude. O que é penoso na morte é o verbo ativo: morrer. Em se estando morto, tudo bem.

BM — O senhor é um especialista em Chateaubriand, que escreveu um dos mais belos textos sobre a morte, *Memó-*

rias do além-túmulo. O que mudou desde então na relação com a morte?

JO — A gente agora vê os mortos pela televisão, porém a sociedade elimina a morte. Na época de Chateaubriand, as pessoas morriam nas suas casas e hoje a gente morre no hospital. A morte não é mais familiar como então.

BM — Isso tem conseqüências sérias para os vivos. Vivemos como se fôssemos eternos e conseqüentemente aproveitamos menos. A consciência da morte é importante.

JO — A morte faz parte da vida. Se não morrêssemos, a vida seria terrível. Talvez ficássemos loucos.

BM — Talvez pensemos isso por sermos mortais.

JO — O Cristo, para punir alguém que lhe recusou um copo de água, disse: "Você não morrerá." Não fomos feitos para viver eternamente.

BM — Se não me engano, Lacan dizia que o medo de não morrer é pior do que o medo de morrer.

JO — A propósito, Lacan contou a história de uma mulher que estava muito doente e, por sonhar todo dia que não ia morrer, ficava desesperada.

BM — O que significa, para o senhor, pertencer à Academia Francesa de Letras?

JO — Pouca coisa. Você sabia que eu sou da Academia Brasileira de Letras?

BM — O quê?

JO — Sim, fui eleito para ocupar o lugar de Malraux. Há alguns estrangeiros na Academia e eu tive a honra de ser convidado. A Academia é uma instituição e, enquanto instituição, eu a respeito. Ninguém aliás me forçou a ir para a Academia Francesa, eu quis ir. Assim como não detesto o dinheiro, não detesto as honrarias. Recebi a Legião de Honra e gostei. Fui nomeado diretor do jornal *Le Figaro* e também gostei. Gosto de estar na Academia, que obviamente tem muito pouca coisa a ver com a literatura.

BM — Foi o senhor que respondeu ao discurso de recepção de Marguerite Yourcenar na Academia. O que significou a entrada de Yourcenar?

JO — Não é suficiente dizer que eu respondi ao discurso de Yourcenar. Fui eu que a fiz entrar. Não era amigo de Yourcenar, mas conhecia seus livros e achava que era uma grande escritora. Hoje não existem muitos grandes escritores na França. A literatura francesa teve três grandes períodos. O primeiro foi no século XVII: La Rochefoucauld, La Fontaine, Saint-Simon. O segundo, no século XIX: Vigny, Musset, Flaubert, Stendhal, Zola. O terceiro, entre as duas guerras: Aragon, Valéry, Giraudox, Claudel. Achava que Yourcenar era uma grande escritora e era preciso fazê-la entrar. Você não imagina o que isso me custou, quase perdi a saúde. Diziam as coisas mais absurdas. Por exemplo, que eu era um oportunista, só fazia isso por causa da televisão etc. Depois, no fim, concordaram em receber Yourcenar. Isso porque não podiam deixar de fazê-lo. Hoje, as mulheres entram sem problema para a Academia. Na verdade, eu quis muito que três pessoas entrassem. Yourcenar, Aragon, que não entrou porque era comunista, e Raymond Aron, a quem eu disse um dia que ele não entraria por várias razões, entre elas por ser judeu, e, portanto, tinha contra ele os anti-semitas e também os judeus, que acham que já há judeu demais na Academia.

BM — Na sua resposta a Yourcenar, o senhor diz que as "tradições são feitas para que a lembrança seja o prefácio da esperança". O que significa isso?

JO — A gente precisa usar a tradição para reformá-la. Sou um reformista e acredito que devemos nos apoiar na tradição para preparar o futuro.

BM — O senhor pertence à Academia Brasileira de Letras. E o Brasil, o senhor conhece?

JO — E como! Vivi três anos no Brasil, onde meu pai foi embaixador. Quando morei no Rio, em Ipanema, só havia o Country Club. O meu número de telefone era 25-2660.

BM — E o seu número de telefone agora vai sair no jornal. (*risos*)

Tajar Ben Jelloun

Romancista e poeta marroquino de expressão francesa, Tajar Ben Jelloun nasceu em Fez em 1944. Estudou filosofia e sociologia. Em 1987, obteve o prestigioso Prêmio Goncourt pelo seu romance *A noite sagrada* e, em 1994, o grande prêmio literário do Magreb. Além de escritor, é colaborador do jornal *Le Monde*.

O homem rompido* *é o nome do romance que Tajar Ben Jelloun publicou em 1994. O seu tema é a corrupção no Marrocos.*

Mourad, o personagem principal, vive em Casablanca. Não gosta dos muçulmanos e tampouco da sogra, que faz pouco dele por causa da pobreza. Trabalha no Ministério da Construção. Sua tarefa? Autorizar ou não a execução de projetos. Ao contrário dos colegas, que são todos corruptos, Mourad teima em recusar o suborno, o chamado bakchich. *Até que um dia, para pagar as dívidas, ele se deixa corromper. É esta descida aos infernos que Ben Jelloun conta no romance, um*

**L'Homme Rompu.* Paris, Editions du Seuil, 1994.

retrato de uma sociedade onde a virtude não faz sentido diante de um punhado de dirhams.

Tajar Ben Jelloun mostra a lógica a que o indivíduo está sujeito num país corrupto e desmonta o mecanismo por meio do qual o indivíduo, por mais moral que seja, acaba cedendo. A história, que se passa no Marrocos, diz respeito aos outros países do Terceiro Mundo e por isso nos interessa particularmente.

Pela inteligência, O homem rompido *faz pensar em* Um dia na vida de Ivan Denisovitch, *de Soljenitzyn, que evidencia a lógica a que está submetido o prisioneiro num campo de concentração.*

Durante a entrevista que Ben Jelloun nos concedeu, no seu apartamento em St. Germain des Près, certas respostas me colocaram interrogações que eu incluo, em itálico, no texto.

BM — Você afirma dever *O homem rompido* ao autor de *Corrupção,* o escritor indonésio Pramoedya Ananta Toer, que está em liberdade vigiada e proibido de publicar o que quer que seja. Qual a razão da dívida?

TBJ — Eu descobri o livro quanto estive na Indonésia. Lendo-o, disse para mim mesmo que era uma história que poderia ter acontecido no Marrocos, mas que a reação dos marroquinos seria diferente. Tentei encontrar Toer, mas me disseram que ele era muito controlado pela polícia e que, se recebesse um estrangeiro, poderia vir a ter problemas sérios. No avião, de volta para a França, me ocorreu escrever um romance que se passasse no Marrocos, inspirado na intriga do romance de Toer, porém com diferenças consideráveis. No meu livro, tudo se passa nos dias de hoje, no dele as coisas se passam depois da independência da Indonésia, nos anos 50. À medida que eu avançava na escrita, ia me separando do livro de Toer.

BM — Você diz que os personagens, no Marrocos, teriam reagido de maneira diferente. Quanto a quê, em particular?

TBJ — Pensava sobretudo na esposa do personagem principal. No romance indonésio, ela controla o dinheiro da família e, quando o marido recebe o primeiro suborno, ela se dá conta e o expulsa de casa. No Marrocos, isso é impensável, a pequeno-burguesa quer tanto se parecer com a burguesa que força o marido a se corromper e o humilha todos os dias porque ele não consegue dinheiro.

BM — Quer dizer que a relação com a virtude é diferente.

TBJ — Muito diferente. As mulheres marroquinas não têm a virtude da pobreza.

BM — A virtude da pobreza ou do respeito à lei?

TBJ — O respeito à lei... A corrupção se tornou tão generalizada, se tornou praticamente necessária na situação econômica de certas sociedades que todo mundo a pratica, é como uma segunda natureza. Isso acontece na maioria dos países do Terceiro Mundo. O Estado não trata os funcionários corretamente, fecha os olhos e deixa as pessoas completarem os seus salários, servindo-se do bolso do cidadão. No mundo desenvolvido, a corrupção é uma atração pelo dinheiro fácil. Os países desenvolvidos, sejam eles da Europa ou dos Estados Unidos, são países gangrenados pela máfia, que é o sistema mais sofisticado, mais impiedoso da corrupção, do dinheiro sujo. A gente tem a impressão de que de um lado estão os países pobres, que têm todos os defeitos, e do outro os países ricos, que vão muito bem, obrigado. Os países ricos têm taras que estão à altura e na medida de sua riqueza. Num país rico, um homem não pode ser corrompido com cem francos, é preciso ter alguns milhões de francos. Nos países pobres, o suborno é quase uma esmola. O cidadão que vai buscar um documento é praticamente obrigado a dar um dinheirinho e isso é uma forma de corrupção.

BM — Nós conhecemos isso no Brasil... Além de focalizar

a corrupção por meio da história de Mourad, que não tem como resistir ao mal, você faz um retrato do Marrocos, cujos tipos vão se revelando à medida que o romance avança. Sua intenção era essa?

TBJ — Em todo romance existe o projeto de fazer o retrato de uma sociedade. Um romancista tem um universo. Este universo é composto de vários livros. Cada livro introduz uma parte do universo. No *Homem rompido* eu falo da corrupção. Noutro, eu falo da condição feminina, noutro da história. Com isso tudo, a gente chega a ter uma idéia do que é o Marrocos hoje.

BM — Ao ler o seu livro, eu várias vezes me disse que a história se passa no Marrocos, porém também poderia ser uma história brasileira. Por exemplo, quando o narrador conta o caso de um médico que desviava para a sua clínica o material do Estado e, embora responsável por várias mortes, nunca foi punido. Trata-se de uma história local e universal, que aproxima os escritores do Sul, como você, aliás, diz na introdução ao romance.

TBJ — A história que eu conto é uma história verdadeira e é um fato que me revoltou realmente. Um industrial dar um envelope contendo dinheiro a um político que lhe obteve um negócio não é um ato que lesa diretamente o cidadão. Claro que não é bom. Agora, um ministro da Saúde que desvia o dinheiro do Estado e do cidadão e, por causa disso, provoca mortes é um criminoso que deve ser julgado e executado.

BM — No Brasil, durante o governo Collor, o dinheiro da Legião Brasileira de Assistência também foi desviado.

TBJ — O ser humano é capaz de todas as perversidades. Somos capazes de tudo. Do pior e do melhor. O médico de que eu falo seria julgado se houvesse uma justiça. É uma corrupção que tem efeitos assassinos. No limite, uma corrupção que tira dinheiro de um estabelecimento para dar a uma pessoa não me incomoda. Não é muito grave. Como, por exemplo, uma empresa, aqui na França, que financiou o jornal de um deputado em Grenoble. Pouco me importa que um deputado tenha recebido dinheiro de uma empresa que lhe presta um serviço. Isso não lesa o cidadão francês, não o impede de comer, de ter luz, gás etc. A corrupção é criminosa quando afeta áreas como a da saúde ou da educação.

Pode-se afirmar que há uma forma de corrupção da elite, que não é criminosa, sem legitimar a prática da corrupção, sem fazer vigorar a lei do mais forte em vez da Lei?

BM — Na França, a história da transfusão do sangue contaminado também está ligada à corrupção, não é?

TBJ — É uma história complicada, em que a corrupção certamente desempenhou um papel.

BM — Quanto à tragédia algeriana, você acha que ela pode se alastrar para a Tunísia e o Marrocos?

TBJ — Isso interessa aos brasileiros?

BM — Os brasileiros estão informados do que se passa na Argélia, dos assassinatos de escritores e intelectuais cometidos pelos fundamentalistas muçulmanos.

TBJ — Isso os toca?

BM — Sim.

TBJ — Mas há árabes no Brasil?

O que responder a essa questão, que implica a idéia de que um massacre perpetrado pelos fanáticos muçulmanos só pode interessar aos árabes? Sugiro a ele que não responda à pergunta se esta lhe parecer desinteressante. Segue-se uma resposta.

TBJ — A situação da Argélia é preocupante para os países vizinhos, porque assistimos a uma forma de ditadura do irracional, que é o religioso. Estamos muito inquietos. O Marrocos tem uma posição mais sólida. O rei tem uma legitimidade política. O Marrocos nunca cortou os laços com o Islã, sempre teve uma relação equilibrada com este. Só que há movimentos islamitas no Marrocos e é preciso ter cuidado. A gente teme o contágio. A Tunísia está muito mais ameaçada, tem uma enorme fronteira com a Argélia.

BM — Por que você vive na França?

TBJ — Questão de hábito, comodidade.

Alvaro Mutis

Nasceu na Colômbia, Bogotá, em 1923, e logo depois foi com a família para Bruxelas, onde fez os seus estudos. Voltou aos onze anos para o país natal, onde depois se tornou colaborador dos principais jornais, publicando poesias e ensaios. Em 1956, por causa da junta colombiana, transferiu-se para o México. Em 1973, o conjunto da sua obra poética foi publicado em Barcelona sob o título *Suma de Maqroll el Gaviero*. Desde 1985 dedica-se a uma obra romanesca: *Empresas e tribulações de Maqroll el Gaviero*. Pelo primeiro livro desta obra, *A neve do almirante*, recebeu em 1989 na França o Prêmio Médicis Estrangeiro e, a partir de então, ficou conhecido no mundo inteiro.

Em 1995, Alvaro Mutis publicou O encontro de Bergen*, *e, tanto para ouvi-lo falar deste livro quanto do seu percurso anterior, eu o entrevistei no Hotel des Saints Pères, onde os autores da editora Grasset costumam receber a imprensa.*

**Le rendez-vous de Bergen*. Paris, Grasset, 1995.

Escritor fecundo, Alvaro Mutis, não é propriamente uma pessoa loquaz. Nem por isso ele deixa de dizer o essencial, como mostra a entrevista.

BM — Até ter mais de sessenta anos, o senhor não escreveu prosa e diz mesmo que é o mais jovem romancista do mundo. Por que a prosa aconteceu tão tarde na sua vida?

AM — Tinha escrito um livro de novelas há quarenta anos. Também escrevi muitos poemas em prosa. Nunca tive a impressão de deixar a poesia para passar à prosa. As mesmas imagens e obsessões que estiveram presentes na minha poesia estão presentes no meu romance.

BM — Sim, mas o senhor agora se voltou para o romance.

AM — Não, escrevi dois livros de poesia junto com o último romance.

BM — O senhor se considera um escritor fecundo?

AM — Não. Para mim, escrever é tão difícil que eu penso muito antes de sentar diante da página em branco.

BM — Quando li não tive a impressão de uma relação torturada com a escrita.

AM — Tanto melhor.

BM — Maqroll el Gaviero é um personagem que já existia na sua obra poética e continuou a existir em cada um dos seus livros de prosa. Gostaria de saber como foi que ele nasceu na poesia, como renasceu em cada um dos seus textos em prosa e como evoluiu ao longo da sua existência.

AM — O segundo poema que escrevi, quando já tinha a intenção de publicar a minha poesia, se chama "A reza de Maqroll el Gaviero". Já nesse poema existia um retrato do Gaviero. Eu era jovem na época, mas a minha poesia era bastante cética, amarga. Escrevi um livro inteiro de poemas sobre Maqroll que se chama a *Resenha dos hospitais de Ultramar*. Ele está presente em quase todos os meus livros de poesia e também nos romances. Não tenho a impressão de que tenha mudado muito de um livro para o outro, só que a presença de Maqroll hoje é quase física, ele tem um passado, um presente, viveu muitas coisas nos livros de poemas e nos meus sete romances e agora está diante de mim com o peso de uma personagem viva.

BM — Personagem ou pessoa? *(Perguntei estranhando a afirmação de Alvaro Mutis porque, sendo ele um ficcionista, a aparição de Maqroll como personagem viva não devia lhe causar estranheza.)*

AM — Pessoa. *(Corrige a sua afirmação, que se configura como um lapso e obriga a pensar que para o autor a diferença entre a personagem — que é imaginária e é tomada enquanto tal — e a alucinação — que é imaginária, mas é tomada como real — não é clara. Seja como for, a referência a Maqroll como personagem reaparece em todos os depoimentos e parece fascinar os entrevistadores.)*

BM — O que se passa no face a face entre o senhor e Maqroll?

AM — De tempos em tempos há uma relação de desafio. Quando quero, por exemplo, fazê-lo ir para um determinado lugar e ele protesta, me diz que seria mais lógico resolver outros problemas que ficaram pendentes no livro anterior. Há uma continuidade na vida de Maqroll que ele reivindica cada dia mais.

BM — O personagem exige uma coerência da sua parte?

AM — Sim, coerência e atenção.

BM — De uma certa maneira ele o assujeita.

AM — Sou vítima dele.

BM — O senhor acaso quer deixar de ser?

AM — Não, não quero.

BM — Maqroll el Gaviero é um eterno errante. Por que a errância é um tema central na sua obra?

AM — Porque eu vivi em muitos países. Deixei o meu país

quando tinha dois anos. Meu pai pertencia ao corpo diplomático e nós fomos para a Bélgica, onde fiquei até onze anos. Com esta idade voltei para a Colômbia. Mais tarde fui para os Estados Unidos, viajei pela América Latina inteira, sem parar, durante 25 anos.

BM — Por causa do trabalho?

AM — Sim, primeiro vendendo os programas do departamento de televisão da Twenty Century Fox e depois os da Columbia Pictures.

BM — "Jamil", um conto do seu último livro, O *encontro de Bergen*, me fez pensar que Maqroll el Gaviero erra para depois poder contar. O senhor diria que contar é tão importante quanto errar?

AM — Sim, contar é uma maneira de errar. Reconstruir a errância é uma forma de passar por ela novamente.

BM — Gostaria de saber o que a errância propicia ao senhor enquanto pessoa?

AM — Não sei bem. Não é fácil responder a isso. Comecei a minha vida com a errância e para mim ela é absolutamente natural.

BM — Seu pai era embaixador, e o senhor portanto nasceu destinado a viajar.

AM — Sim. Venho de duas famílias de proprietários de fazendas de café e eles gostavam muito de viajar. Os pais da minha mãe possuíam um apartamento em Paris. Os pais do meu pai viveram na Espanha, onde tinham muitos amigos.

BM — Tinham uma ligação importante com a Europa, como muitos latino-americanos daquela época.

AM — Sim, eles preferiam a Europa aos Estados Unidos.

BM — E hoje, como é na Colômbia?

AM — Infelizmente preferem os Estados Unidos.

BM — Por que infelizmente?

AM — Porque eu acho que é uma influência que não tem

nada a ver com o nosso passado. Somos mestiços, crioulos, mistura de europeu e índio, e nada temos a ver com os anglo-saxões, com os protestantes, com toda a ideologia dos quacres.

BM — E se voltássemos ao seu último livro, *O encontro de Bergen*?

AM — O.K.

BM — Pouco antes de se separar do menino Jamil, que tem de ir embora para o Líbano com a mãe, Maqroll afirma que nada o levaria a repetir as suas aventuras anteriores — subir o rio com um capitão alcoólico, enterrar-se vivo à procura de ouro nas minas abandonadas da Cordilheira etc. — depois da revelação que foi a vida com o menino, vida que teria tido sobre ele um verdadeiro efeito salvador. Isso faz pensar que a errância pode ser uma condenação.

AM — Acho que pode mesmo. Durante muitos anos procurei motivos para que Maqroll permanecesse no mesmo lugar. Ao escrever *O encontro de Bergen* achava que a afeição pelo menino ia mostrar a Maqroll a outra face da vida.

BM — Mostrou?

AM — Isso eu vou responder no meu próximo livro.

BM — Maqroll é um navegador que sai sempre vivo de cada uma das suas aventuras e depois volta para contar a história. Que relação existe entre Maqroll e Simbad o Marujo? E entre a sua obra e *As mil e uma noites*?

AM — Simbad foi, durante toda a minha juventude, um dos meus personagens preferidos. *As mil e uma noites* é um livro perfeito. Cada vez que vou contar uma história, me recolho e penso no ritmo das histórias do livro. Xerazade é genial, ela é a grande contadora e foi uma grande idéia ter escolhido uma mulher para contar, porque só as mulheres conhecem o verdadeiro fim das histórias. Os homens são mais superficiais. São as mulheres que sabem das conseqüências de cada passo na vida.

BM — Sua obra também é uma reflexão sobre a morte. No

seu romance anterior, *Abdul Bashur*, o senhor diz que cada um "cultiva, escolhe, irriga, esculpe, modela a sua própria morte". Seria possível explicar o que isso significa?

AM — Cada ser humano, pelo seu destino e pelo seu caráter, constrói uma determinada morte. Basta considerar o que você pode realizar e o que não pode para saber o que vai lamentar no fim da vida. Ou basta ainda pensar nas pessoas que você escolheu durante a sua vida e nas que afastou para saber quem vai chorar a sua morte e quem não vai. Escrevi uma história de um militar que morre muito feliz porque morre nos braços da mulher amada.

BM — Bonito isso. O senhor gostaria de acrescentar algo ao que já me disse?

AM — Sim. Quando comecei a escrever, imaginava que Maqroll estava e ficaria sob o meu controle e, hoje, às vezes me pego pensando nele, me perguntando o que pensaria disto ou daquilo. Por exemplo, quando ganhei o Prêmio Caillois, em Reims, disse para mim mesmo que se o Maqroll soubesse me daria um pito porque não acredita que se deva premiar o que quer que seja. O prêmio, do ponto de vista dele, está na criação e na experiência.

BM — Verdade.

Nathalie Sarraute

Nasceu com o século e, sendo uma das grandes escritoras francesas, foi agraciada com a inclusão da sua obra na Pléiade. No entanto, em 1939, *Tropismos*, a primeira manifestação do que depois viria a ser o *nouveau roman*, não teve a menor repercussão. Em 1948, o romance *Retrato de um desconhecido* foi prefaciado por Sartre. Em 1956, com *A era da suspeita*, e graças ao encontro com Alain Robbe-Grillet, que lançou o movimento do *nouveau roman*, Nathalie Sarraute se tornou conhecida na França. O romance *Os frutos de ouro* lhe valeu, em 1964, um prêmio internacional de literatura. Apesar de nunca ter entrado nos jogos do parisianismo intelectual, Nathalie Sarraute é conhecida no mundo inteiro e sua obra já foi traduzida para mais de vinte línguas.

Quem se candidata a entrevistar Nathalie Sarraute sabe que a tarefa não será fácil, pois ela não se disporá a falar sobre o seu último livro e, com toda razão, nada dirá sobre a sua vida privada.

Tendo enviado uma carta à escritora e obtido resposta

positiva através da Gallimard, o ex-candidato começa a se preparar para a entrevista, cujo tema será forçosamente a história e o significado da obra de Sarraute. Porém, por mais que ele se prepare, a idéia do encontro o inquieta. Quem pode ser a pessoa que sustenta o mito e já foi agraciada com a perspectiva da obra na Pléaide, uma coleção em que geralmente o autor, só quando morto, entra? Quem é mulher que alcançou 95 anos, idade a que tão poucos chegam e, por isso mesmo, a distancia dos outros vivos?

Por maior que seja a sua experiência, o entrevistador se sentirá pequeno diante do tamanho literário e humano da entrevistada. Sobretudo se considerar que Sarraute suportou escrever sem reconhecimento durante quase duas décadas e ter sempre poucos leitores porque quisesse introduzir na literatura um domínio novo da realidade humana, o da sensação que escapa ou do não-dito que subjaz ao dito.

Sessenta anos explorando o que ela chama de tropismo *ou movimento interior, sendo tão resistente na literatura quanto foi na vida — por exemplo, recusando-se a usar a estrela amarela que o nazismo lhe impunha e retirando-se clandestinamente, com as três filhas, de Paris.*

Mora num prédio do século XIX, no Seizième Arrondissement, bairro elegante nas proximidades do metrô Iena. E eu, lá chegando, fui recebida na porta do apartamento pela própria escritora, uma senhora de estatura já minúscula com uma aura de cabelos brancos, solar. Que eu entrasse, me disse ela. Que tirasse o casaco e o pusesse na cadeira da entrada. Isso feito, me encaminhou para o escritório, indicou-me uma poltrona e sentou num divã, onde, virando o torso, ela deitava a cabeça enquanto eu fazia a pergunta, para depois levantar, se não emergir com a resposta pronta.

Quarenta minutos de entrevista, ao término da qual Nathalie Sarraute fez questão de me levar até a sala e aí mostrar o presente de Jorge Amado, uma estatueta de barro, supostamente um índio. Do salão me acompanhou até a porta para de novo me surpreender: "Será que você poderia me enviar o texto antes de publicá-lo ou, ao menos, ler pelo telefone?"

Sabendo da força que a palavra tem, ela não podia deixar por menos e, apesar da idade, 95 anos, não deixou. Eu obviamente atendi ao pedido, por entender a sua necessidade.

Segue o relato da entrevista que Nathalie Sarraute concedeu numa tarde de outono em que, por já estarem secas, as folhas amareladas das árvores eram translúcidas, as copas rarefeitas eram como um último véu de sol.

BM — Será que a senhora poderia me dizer o que a leva a escrever, desde 1939, sobre a sensação do estado nascente, o tropismo ou movimento interior?

NS — Impossível, é impossível analisar porque a gente sente de uma determinada maneira e não de outra. Mas os movimentos interiores são a base de toda literatura.

BM — A senhora se refere freqüentemente a Proust. Que diferença existe entre o projeto dele e o seu?

NS — Em Proust existe a descoberta imensa de um mundo que até ele parecia desconhecido. Proust analisa o que se passou, e o faz com a maior fineza. Já eu, quis mostrar a coisa acontecendo e isso por meio do ritmo das frases, do seu movimento.

BM — A senhora recusou o romance tradicional por já ter nascido como uma escritora dos movimentos interiores e assim não poder se submeter às regras estabelecidas, as da literatura dita realista. Seria correto afirmar que a senhora é uma escritora comprometida com a verdade e não com a verossimilhança e que o *nouveau roman* é uma nova forma de realismo?

NS — Pensava isso quando escrevi *A era da suspeita* (1956). Achava que o *nouveau roman* era uma maneira nova de apreender a realidade. Porém, quando escrevi o livro, eu queria sobretudo me livrar das amarras impostas pela crítica — o personagem, a intriga, o tempo cronológico — que me impediam de dar conta dos movimentos interiores.

BM — E ainda hoje a senhora pensa que o *nouveau roman* é um novo realismo?

NS — Sim. Mas a expressão novo realismo pode levar a crer que outros devem fazer o que eu fiz.

BM — E isso não a interessa, claro.

NS — De jeito nenhum, é um domínio que me é próprio. Ademais, toda e qualquer imitação é ruim.

BM — A senhora também está dizendo que, em literatura, não existe mestre, não é?

NS — Sim, é isso. Cada um é o seu próprio mestre.

BM — A senhora hoje está entrando na Pléiade, porém a sua história editorial foi bastante difícil. *Tropismos* foi publicado em 1939. Só em 1956, dezessete anos depois, perceberam que a senhora abria uma seara nova na literatura. Mesmo tendo um prefácio de Sartre, o *Retrato de um desconhecido* foi recusado pela Gallimard em 1948.

NS — Não só pela Gallimard, por todo mundo.

BM — E como a senhora explica essa reação dos editores?

NS — Os meus livros são difíceis e os leitores não estavam habituados à forma, que eles não apreendiam. Ainda agora existe muita gente que não consegue entrar nos meus livros.

BM — Mas desde *A era da suspeita* (1956) há menos resistência...

NS — Não, de modo algum. Continuei a ter sempre poucos leitores. Agora, eu tenho mais porque, pouco a pouco, as pessoas se habituaram. Quando Proust apareceu, em 1924, as pessoas não compreendiam. Claudel dizia que não conseguia entender nada. Hoje em dia, uma criança de catorze anos pode ler Proust, porque houve uma evolução.

BM — Em 1956, Sartre se recusou a publicar no *Temps Modernes* um dos artigos da *Era da suspeita*. Por quê?

NS — Publicou o primeiro e o segundo artigo do livro. Recusou o terceiro, *Conversa e subconversa.*

BM — Mas por que ele recusou?

NS — Porque ia contra tudo que ele e Simone de Beauvoir escreviam, contra aqueles diálogos à maneira antiga*.

BM — A senhora disse que o movimento do *nouveau roman* teve de positivo o fato de chamar a atenção do público para escritores que reivindicavam a liberdade da forma, mas que não existia nada de comum entre Claude Simon, Robbe-Grillet, Michel Butor e a senhora...

NS — De comum só havia a reivindicação de liberdade formal. Cada um trabalhava no seu canto e de um modo bastante diferente.

BM — Como aconteceu o primeiro encontro?

NS — O primeiro encontro foi entre mim e Robbe-Grillet no Château d'Eu. Ele se interessou pela *Era da suspeita* e queria escrever um artigo sobre o livro na revista *Critique*. Era bem mais conhecido do que eu na época.

BM — E a expressão *nouveau roman*?

NS — A expressão foi empregada por Emile Henriot, depois da reedição de *Tropismos* pela Minuit e da publicação de *O ciúme* de Robbe-Grillet. Emile Henriot, que aliás não gostava de nenhum dos dois livros, disse: "É o *nouveau roman*", e Robbe-Grillet se apropriou da frase para lançar o movimento.

BM — Como foi que ele o lançou?

NS — Não sei. Não me lembro. Ele dirigia a editora Minuit com Jérôme Lindon.

---

* Nathalie Sarraute se refere aos diálogos que os autores apresentam, mantendo-se sempre à distancia dos personagens e limitando-se a reproduzir as palavras destes, seguidas de um monótono *disse X* ou *respondeu Y*.

BM — E foi nesse momento que a senhora encontrou Claude Simon...

NS — Não. Encontrei Claude Simon bem mais tarde, em 82, em Nova York.

BM — E Marguerite Duras?

NS — Eu era amiga dela.

BM — Duras pertencia ao movimento?

NS — Não, não quis entrar. Gosto muito dela, muito...

BM — Quando a senhora fala das etapas na elaboração do seu trabalho, diz que, na primeira etapa, encontra o tema, na segunda, escreve do começo ao fim para obter o ritmo e, na terceira, retrabalha tudo, palavra por palavra, vírgula por vírgula...

NS — É o que eu fazia antigamente.

BM — Como é que a senhora faz agora?

NS — Agora eu escrevo pedacinho por pedacinho.

BM — *Aqui** foi pedacinho por pedacinho?

NS — *Aqui* e todos os precedentes desde *O uso da palavra*. Antes eu escrevia de cabo a rabo para ter os temas, os movimentos, e depois eu recomeçava tudo, retrabalhando página por página.

BM — Por que a senhora mudou? Alguma razão literária?

NS — Porque eu envelheci. Tinha medo de não poder acabar, escrever trezentas páginas que ficariam inacabadas. Queria ter certeza, a cada passo, de que algo já havia sido feito.

BM — Como é que a senhora encontra o tema ou é por ele encontrada?

NS — O tema se impõe.

BM — Como é que a escrita se organiza, segundo um plano pré-traçado ou não?

NS — Anoto primeiramente num caderno os temas, as

**Ici*. Paris, Gallimard, 1995.

sensações etc. Depois, escrevo com uma caneta Bic numa folha branca. A coisa se faz sem plano, à medida que eu vou escrevendo.

BM — A senhora afirma que o ritmo é fundamental para o seu texto. Seria correto dizer que a senhora faz uma música que o músico não faz e só o poeta sabe fazer?

NS — Que bom ouvir isso! Só que eu não sei julgar o meu próprio trabalho. Não tenho a distância suficiente.

BM — Ouvi músicos, autores de livros, de romances, dizerem que o que eles faziam era música. Pois bem, eu nunca achei que fosse verdade. Estou me referindo a grandes músicos, como Chico Buarque, por exemplo. Tenho o sentimento de que só o poeta sabe fazer música com o texto.

NS — Evidentemente, porque se trata de empregar a linguagem e não as notas musicais.

BM — Colette dizia que a frase bonita, o belo, é perigoso para um escritor. A senhora diz a mesma coisa. Poderia explicar por quê?

NS — Escrevi sobre isso um texto enorme: *Entre a vida e a morte*. Quando o autor trabalha e retrabalha a frase e ela se torna bela demais, perde o contato com a sensação que lhe deu origem. A frase se torna morta, ela responde a um cânone de beleza. É perigoso. É preciso então recomeçar tudo de novo, voltar à sensação para que a frase viva. O que é a beleza? A beleza responde a algo de muito acadêmico. Trata-se antes de procurar uma determinada sensação, de ficar o mais perto possível dela e depois exprimi-la, fazê-la viver, transmiti-la por meio da escrita.

BM — Existe para a senhora uma diferença entre a poesia e o romance?

NS — Nenhuma, agora que já não se usa a rima.

BM — Isso vale para todos os romances?

NS — Para alguns, os que não se diferenciam da poesia.

BM — O seu último livro, *Aqui*, não se encaixa em nenhum

gênero literário. O que é que a senhora pensa da classificação das obras em gênero?

NS — Ignoro. Isso, aliás, não me interessa. Quando escrevo, não sei como o livro será classificado. No *Aqui*, eu não pus nada na capa, nem ensaio e nem romance, porque eu não sei o que é.

BM — O que a senhora pensa da relação dos editores com os escritores na França?

NS — Tenho excelentes relações com o meu editor. Ele me publicou durante muito tempo. E isso quando eu não vendia. É a mesma coisa nos Estados Unidos. A maior parte dos meus editores apostaram em algo que não dava dinheiro.

BM — Quer dizer que eles desempenharam verdadeiramente o papel deles.

NS — Correram o risco.

BM — O que é que faz um bom crítico literário, na sua opinião?

NS — É preciso que ele seja muito sensível à escrita em si, que saiba exprimir o que sente no contato com um livro e se aproxime do que o livro pretende dizer. O crítico deve ter a sensibilidade muito aguçada. Isso vale para cada livro que ele lê. É muito difícil ser um bom crítico porque é necessário ler muito.

BM — A senhora está escrevendo outro livro?

NS — Olha, eu acabo de publicar o *Aqui*. Comecei um outro, mas é preciso respirar um pouco.

BM — Li que a senhora vai para os Estados Unidos.

NS — A Universidade de Nova York me convidou para fazer conferências. Nos últimos anos eu tenho feito. Respondo às questões dos estudantes. Também vou à Universidade de Columbia. Vou ficar uma semana. Adoro Nova York e os Estados Unidos em geral. Estou felicíssima de ir.

BM — E para o Brasil, a senhora gostaria de ir?

NS — Adoraria. Estive no Brasil em 1966. Fiquei muito tempo.

BM — Onde?

NS — Na Bahia, e eu fui ver o Jorge Amado. Ele me deu uma estatuetazinha que ainda tenho aqui, aliás. A casa dele era linda !

BM — O que foi que a agradou na Bahia?

NS — O mercado e a cidade, muito bonita. Depois de Salvador, fui para o Recife.

BM — A senhora encontrou Gilberto Freyre, o autor de *Casa grande & senzala*? E o livro dele, a senhora leu?

NS — O livro eu conheço. Gilberto Freyre eu não cheguei a encontrar.

BM — Existe agora uma fundação no Recife com o nome dele, e eles lá estudam os trópicos.

NS — E não os tropismos...

BM — Pois é. (*risos*)

NS — Estou procurando me lembrar de todas as cidades do Brasil que conheci.

BM — O Rio certamente.

NS — Sim. Fiquei oito dias lá.

BM — O seu editor é do Rio, Nova Fronteira. E a senhora gostou da cidade?

NS — Muito. Da baía, claro. É no Rio que existe uma praia chamada Copacabana, não é?

BM — Claro.

NS — Foi lá que eu estive, num hotel.

BM — Deve ter sido o Hotel Copacabana Palace.

NS — Era um hotel muito clássico, maravilhoso.

BM — A senhora certamente viu o Cristo. Foi um presente dos franceses para os brasileiros, sabia? É um Cristo com os olhos de mestiço. E Clarice Lispector, a escritora brasileira que também tentou dar conta dos movimentos interiores e rompeu com a idéia de intriga tradicional, a senhora conhece? Foi publicada pela Éditions des Femmes.

NS — Não, eu não conheço.

BM — Será que eu não a estou cansando?

NS — Você ainda tem muitas perguntas?

BM — Não, nós estamos chegando no fim da entrevista. Gostaria ainda de saber o que significa para a senhora entrar na Pléiade.

NS — Significa que é agradável, que todos os meus textos vão estar juntos, o que é muito bom.

BM — Proust diz que ele passou a não mais temer a morte a partir do momento em que se deu conta de que ia fazer uma obra. O que a senhora acha disso?

NS — Acho muito estranho.

BM — Por quê?

NS — Porque a obra não pode me compensar da desaparição de tudo, ela não pode substituir a vida. A morte é outra coisa para mim. Não há qualquer relação.

BM — A senhora declarou que não gosta de ser entrevistada a propósito do último livro que escreveu nem a propósito da sua vida. Sobre o quê a senhora desejaria falar quando é entrevistada?

NS — Não gosto de entrevistas. É muito difícil explicar numa linguagem jornalística o que eu só fiz com muito trabalho. Impossível comentar o meu próprio livro.

BM — E eu não vou pedir isso à senhora.

NS — Também não gosto de falar da minha vida privada.

BM — Por que a senhora dá entrevistas?

NS — Porque acho que, quando a gente publica um livro, tem de entrar no jogo ou senão não publica. Dou entrevistas, mas confesso a você que não gosto disso.

Dominique Fernandez

Dominique Fernandez nasceu em 1929 na cidade de Paris, onde cursou a Escola Normal Superior. Em 1957, foi nomeado professor do Instituto Francês de Nápoles. Desde 1959 é membro do comitê de leitura da editora Grasset. Escreve regularmente para *Le Nouvel Observateur*. Ganhou, em 1974, o Prêmio Médicis com o romance *Porporino ou os mistérios de Nápoles* e, em 1982, o Prêmio Goncourt com o romance *Na mão do anjo*.

A pérola e a meia-lua* , é *o nome do álbum sobre o barroco que o escritor Dominique Fernandez fez com o fotógrafo Ferrante Ferranti. A pérola, no caso, diz respeito ao barroco e a meia-lua à figura que delimita no mapa da Europa um império barroco homogêneo, cuja ponta a sudoeste se encontra na Itália meridional e a nordeste em São Petersburgo.*

Fernandez escreveu o seu primeiro livro sobre o barroco, O banquete dos anjos, *em 1984, quando o barroco ainda era na França "uma causa a ser defendida, uma batalha a ser*

---

* *La Perle et le Croissant.* L'Europe baroque de Naples à Saint-Petersbourg. Paris, Plon, 1995.

vencida" por aí se considerar que o românico e o gótico eram forçosamente melhores do que uma arte feita de volutas, dita luxuriosa e decadente.

Depois de O banquete dos anjos, *ainda sobre o mesmo tema, lançou em 1993* O ouro dos trópicos, *que focaliza o barroco português e brasileiro.*

A pérola e a meia-lua *não resulta de um conhecimento abstrato sobre o barroco europeu, porém de um saber que só a observação reiterada das obras propicia. Inscreve-se na tradição da viagem literária.*

Para ouvir Fernandez falar sobre um estilo que a arte brasileira privilegia e não cessa de se reproduzir no Brasil, fui entrevistá-lo num dos muitos escritórios da editora Plon, no bairro de Saint-Sulpice.

BM — O barroco surgiu como uma expressão da Contra-Reforma para combater o protestantismo. Seria possível falar sobre isso?

DF — A arte do barroco é, no início, uma arte política. Calvino e Lutero proscreviam as imagens nos templos. Os católicos, para se opor à Reforma, fizeram uma política inteligente de imagem, construindo igrejas suntuosas, com muitas estátuas e muitos quadros. Procuraram ganhar os fiéis pela sensualidade, o sentimento, a emoção, em suma, pela arte. Isso a gente vê claramente na Itália e no sul da Alemanha, na Baviera, onde existem as abadias mais ricas, que são verdadeiras fortalezas de imagens contra o ponto de vista da Reforma. Os católicos se apoiaram no prazer para se opor aos calvinistas e luteranos, que se apoiavam exclusivamente na Bíblia e na reza. O barroco unifica a Europa formada pela Itália, a Alemanha do Sul, a Áustria e a Boêmia. Trata-se de uma Europa cuja identidade cultural não tem nada a ver com a da Europa reformada, Inglaterra, Prússia e Bale (Suíça).

BM — Por que você diz que o barroco é uma categoria do espírito?

DF — O espírito barroco é o do prazer e é por isso, aliás, que deu tão certo no Brasil, um país voluptuoso e alegre, onde existe uma arte extraordinária.

BM — Por que a recusa do barroco na França?

DF — Trata-se do único país católico que recusou o barroco. Isso porque a França não é um país do prazer, contrariamente ao que se pode pensar. Pigalle não é a França, é para os turistas estrangeiros. A França é um país de puritanos, severa, é o país de Pascal, de Corneille, de Bossuet.

BM — E a gastronomia francesa, não tem nada a ver com o prazer?

DF — A cozinha francesa é seca, não é voluptuosa. Os doces não são sensuais, não são os doces dos gulosos. A França para mim não é um país do prazer.

BM — Mas e o vinho?

DF — Sou filho de mexicano e não gosto de vinho. Talvez pelas minhas origens eu goste tanto do barroco. Gosto por atavismo e também porque vivi na Itália, em Nápoles, que é tão barroca quanto Salvador da Bahia. Nápoles é uma antiga capital decadente, um labirinto, uma loucura e uma beleza. Adorei a Bahia, foi o que eu preferi no Brasil. Assistindo a um candomblé, tive o sentimento de que se tratava de uma ópera. As roupas são Luís XV. São suntuosas as roupas que as baianas usam para receber o santo.

BM — Qual a particularidade do barroco brasileiro?

DF — Ele é originário da Europa. Mas o barroco, no Brasil, foi retomado por descendentes de negros e de índios, e, com isso, se modificou, tornou-se muito mais ingênuo, mais rústico, mais imaginativo, mais colorido, com sabor de fruta, eu simplesmente adoro.

BM — Rústico e colorido, como aliás as alegorias do

Carnaval... O senhor diria que o Carnaval brasileiro é uma forma de manifestação do barroco?

DF — Não fui ao Carnaval, tenho horror da massa e sobretudo da massa de turistas, mas acho que é sim, porque há o teatro, as fantasias, não deixa de ser uma forma de ópera.

BM — Uma ópera de rua, é assim que um dos nossos grandes carnavalescos, Joãozinho Trinta, o definiu. E qual é a particularidade do barroco nos outros países onde ele se desenvolveu?

DF — O barroco italiano é o barroco de base, são os grandes arquitetos, Bernini, Borromini, mestres absolutos. Na Alemanha, o barroco é sobretudo decorativo, é estuque. Na Boêmia, e sobretudo em Praga, trata-se de um estilo imposto pela Áustria, e a expressão da dor predomina. Na Rússia, é a suntuosidade que impressiona. No México, o barroco europeu foi retomado pelo índio e eu vi um Michel que era um cacique, tinha plumas e flechas.

BM — Você lançou recentemente no Brasil, pela Editora Record, *O último dos Médicis* e, numa das entrevistas, disse que o artista é um pária, retomando aliás uma noção romântica, do século XIX. Você acha mesmo que o artista é necessariamente um pária?

DF — Acho que ele é sempre um marginal. É preciso que a gente se sinta rejeitado por uma ou outra razão para se tornar artista, para escrever. Não é espantoso que os criadores sejam tão freqüentemente homossexuais, porque são marginais natos, como, por exemplo, os judeus da Europa Central, tradicionalmente rejeitados. O sentimento de ser um excluído torna mais agudas a inteligência e a sensibilidade, faz o artista. Nem todos os homossexuais são artistas, mas quase todos os artistas são homossexuais. A bissexualidade é indispensável para que alguém seja um artista. A um indivíduo que é exclusivamente heterossexual, com família, filho etc., falta algo para ser um criador. Claro, existe Tolstoi...

BM — Entre os seus contemporâneos franceses existe Nathalie Sarraute, que teve marido, três filhas e está na Pléiade. Qual é o autor brasileiro que você prefere?

DF — Guimarães Rosa.

BM — Mas, em *O ouro dos trópicos*, você diz que não gostou do fim do romance, da revelação súbita de que Diadorim não era um homem, e sim uma mulher.

DF — O final me parece uma concessão inútil à moral.

BM — O seu comentário me surpreendeu muito. Nunca me ocorreu que Guimarães Rosa tivesse revelado a feminilidade de Diadorim para negar a paixão homossexual. Quando Riobaldo descobre que Diadorim não é um homem, ele percebe que estava enganado quanto ao sexo biológico do amado, mas isso não obriga o leitor a concluir que Riobaldo, na verdade, amava uma mulher. Ele amava Diadorim, uma mulher que se apresentava como um homem e, à sua maneira, era um andrógino. Acho que *Grande sertão: Veredas* mostra o quão indiferente a paixão é ao sexo biológico e o quanto ela não prescinde da máscara, da ambigüidade.

Jean-Claude Carrière

Seria necessário apresentar Jean-Claude Carrière, nascido na França em 1931? Fora sua colaboração, como roteirista a alguns dos principais cineastas do século, como Buñuel, Louis Malle, Milos Forman, Jean-Luc Godard, Carlos Saura, Andrzej Wajda e Hector Babenco, ele fez a adaptação para o teatro do poema épico indiano, o *Mahabharata*, que foi dirigido por Peter Brook e teve um enorme sucesso. Roteirista, romancista e ensaísta, Carrière também preside a Federação Européia dos Ofícios da Imagem e do Som, a Femis.

I. O roteirista

Por ser diretor de um ateliê de formação de roteiristas na Femis, Jean-Claude Carrière escreveu com Pascal Bonitzer O exercício do roteiro* *para ensinar a "captar e manter a atenção do espectador", ou seja, a regra básica, porque vale*

* *L'Exercice du Scénario*, Paris, Femis, 1993.

para todas as histórias concebíveis e mesmo para as não-histórias, como as do nouveau roman.

Trata-se de um livro absolutamente cativante, fruto de trinta anos de experiência, simples mas profundo, que tanto focaliza Dom Quixote *ou* Tom Jones *quanto* As mil e uma noites *e nos introduz nas tradições ocidentais e orientais da arte de contar.*

Jean-Claude Carrière, aliás, se diz um contador árabe e nos explica por que é tão necessário contar ao escrever: "Contar e matar, contar e morrer freqüentemente parecem ligados. Por que Xerazade, com os seus mil e um contos, afasta de si a morte? Pela equivalência entre a história e a vida, mas sobretudo porque contar é matar e vencer a morte. Matar aquele que deve te matar quando a história já não o agradar. Matar a criança estéril, impaciente, a jogadora — a má jogadora —, a que quer saber tudo logo e, assim, não agüenta o tempo. Matar, em suma, a criança que o narrador foi e, contando — porque contar implica uma certa sabedoria —, deixou de ser."

Para ouvi-lo falar de O exercício do roteiro, *fui ao bairro mítico de Pigalle, à sua residência, onde cada sala evoca um cenário, e um centauro feminino, a deusa indiana do amor, surpreende quem entra.*

BM — Será que você poderia falar sobre a relação entre o roteirista de cinema e o contador de histórias, que você, aliás, estabelece no seu livro?

J-CC — O roteirista é o contador dos nossos dias. Retomou, com os recursos de hoje, uma função muito antiga, a de contar histórias. Isso porque ele diz o que nem a poesia diz, nem a filosofia e nem o romance. Graças ao cinema, a função de contar passou a atingir muito mais gente, mas isso significa que o contador do século XX, o roteirista, deve conhecer a arte do cinema. O contador tradicional era o autor e o intérprete do conto, ele mesmo criava e transmitia. Bastava que conhecesse a arte da palavra e eventualmente a da música, que o acompanhava numa praça pública. Hoje, o que o roteirista escreve vai se transformar num outro produto e ser transmitido pelos atores, de sorte que precisa conhecer as técnicas cinematográficas para saber como o que ele escreve vai mudar de suporte. Trata-se, aliás, da operação mais misteriosa, a alquimia pela qual a gente transforma o chumbo em ouro, passa do papel para a película.

BM — Gostaria que você falasse da diferença entre a escrita do roteirista e a do romancista.

J-CC — São radicalmente diferentes. O cinema é uma arte objetiva. Contrariamente à frase de Proust, que é uma frase longa e introspectiva, construída para penetrar em todos os meandros da alma humana, a frase do roteirista não comporta a introspecção. Não se pode, por exemplo, escrever: Jean-Pierre pensa que ou sente que. O roteirista só pode escrever o que pode ser mostrado numa tela: Jean-Pierre parece preocupado ou ele anda rapidamente em direção à porta. Por outro lado, a escrita do romance termina com o romance, enquanto a do roteiro inaugura a verdadeira aventura cinematográfica. À diferença do romance, o roteiro é uma forma efêmera, provisória, que vai desaparecer para se tornar um filme ou uma peça de teatro, ele deve comportar todos os elementos necessários ao filme, como a larva, que não voa, mas tem tudo que é preciso para que dela surja uma borboleta.

BM — Em O *exercício do roteiro* você diz que a imaginação é um músculo e precisa ser treinada. Como foi que você treinou a sua imaginação?

J-CC — Tive a sorte de trabalhar com pessoas mais velhas do que eu, verdadeiros mestres que muito me ensinaram. Jacques Tati, o primeiro com quem trabalhei, me ensinou a relação com a realidade, a olhar, por exemplo, a rua, como se tudo que nela se passasse estivesse destinado a se tornar um filme cômico.

A gente se sentava no terraço de um café, olhava as pessoas que passavam e se perguntava o que poderia ter acontecido de engraçado com elas, como se o mundo inteiro existisse para dar origem a um filme. Mas existe um outro tipo de trabalho, que eu aprendi com Buñuel, e era o de se isolar do mundo, de ir para um lugar calmo e se deixar invadir pelas imagens.

BM — É por causa do treino que você consegue escrever tanto?

J-CC — Olha, eu não escrevo muito e bem menos do que Balzac ou Victor Hugo, para citar grandes exemplos. Balzac morreu com 51 anos e havia escrito três vezes mais do que eu escrevi até hoje. Diderot escreveu uma peça de três atos num fim de semana. Balzac e Diderot certamente sabiam se isolar melhor do que nós hoje em dia. Voltaire era prodigioso, escrevia todas as manhãs uma centena de cartas que ditava para três ou quatro secretárias, o que implica um treinamento incrível. Victor Hugo, nos últimos quarenta anos da sua vida, escreveu uma média de cem cartas por dia. Balzac deixou cerca de 40 mil cartas e artigos. Todos eles certamente escreviam com grande rapidez, mesmo porque quanto mais a gente escreve, mais rápido se torna.

BM — O que é a Femis e como você treina os candidatos ao seu ofício?

J-CC — A Femis é uma escola feita para dar à técnica toda a sua dignidade. Surgiu com a recusa da idéia de que o cinema é uma coisa fácil e, sobretudo, para transmitir os conhecimentos mais sofisticados no domínio da técnica. Por isso temos sete departamentos que cobrem tudo na área do cinema e da televisão. Ou seja: direção, roteiro, imagem, som, montagem, cenário e produção. Somos contrários à ideologia de 68, segundo a qual cabe aos estudantes decidir o que vão aprender, uma ideologia que deixou duas gerações inteiramente despreparadas na França. Nós inauguramos a Femis com o propósito de que o ensino fosse rigoroso. Chegamos a mandar embora um aluno por falta não-justificada. Trata-se de uma escola que custa muito caro ao governo, 22 mil francos, cerca de 4 mil dólares, mensalmente, por aluno.

BM — E o seu ensino na Femis, o seu ateliê?

J-CC — O que a gente pode ensinar a um roteirista numa escola é como se faz um filme, e isso nós ensinamos fazendo-o fazer filmes. O roteirista da escola aprende, no primeiro ano, todas as técnicas, para que tenha uma idéia do que o roteiro vai se tornar depois que ele tiver escrito. O meu ateliê dura quinze dias e diz respeito ao trabalho conjunto do roteirista e do diretor, de como se desenvolve uma idéia. Partimos da prática. Peço aos alunos que encontrem uma situação em que haja um personagem que tenha um desejo e uma série de obstáculos tão fortes quanto o desejo. A partir daí nós começamos a trabalhar.

BM — Qual a diferença entre a formação do roteirista na Europa e nos Estados Unidos?

J-CC — Não há muita diferença. O princípio do trabalho é o mesmo. Aqui na França a relação entre o roteirista e o diretor tende a se aprofundar mais do que nos Estados Unidos, onde cada um trabalha sozinho e se procede por etapas. O produtor tem uma idéia, faz o roteirista trabalhar. O cenário é depois entregue a um diretor e o filme é tirado das mãos deste para ser entregue a um montador.

BM — Glauber Rocha fez um cinema de grande repercussão com "uma idéia na cabeça e uma câmera na mão", como ele gostava de dizer. Isso ainda é possível hoje em dia?

J-CC — Glauber foi um dos meus amigos e ele reunia um grupo de pessoas que revolucionaram o cinema brasileiro, lhe deram uma nova vida e o tornaram conhecido no mundo inteiro. A expressão "uma idéia na cabeça e uma câmera na mão" é, na verdade, uma expressão muito profunda, porque só com uma idéia ou só com a câmera a gente não faz absolutamente nada.

BM — Mas você acha ou não que hoje se pode fazer um filme como ele fazia?

J-CC — Os cineastas brasileiros que eu conheço me dizem que, na situação atual, fazer um filme é uma empresa heróica. Seria preciso reunir de novo um grupo de jovens cineastas decididos a fazer cinema e a encontrar o seu público. Será que entre os 160 milhões de habitantes brasileiros não existe um público? Tenho certeza de que existe para um cinema voltado para o Brasil, um país que vive situações absolutamente extraordinárias. Nem um só filme que fale delas! Se eu pudesse dar um conselho aos jovens brasileiros, diria que é preciso juntar forças e formar de novo um grupo, como foi o caso da Nouvelle Vague, do Cinema Novo, do surrealismo, dos românticos ou dos poetas elisabetanos. Inútil tentar uma experiência solitária, ela será imediatamente atacada pelo *commercial empire*, o império comercial americano. O Brasil faz cinema desde 1908, há muito tempo portanto, é um país competente na área do documentário, da ficção, e teve um movimento como o Cinema Novo. Em 1992, só conseguiu realizar um filme porque se deixou colonizar pela produção americana. Nós nos servimos freqüentemente, aqui na Europa, do exemplo da América do Sul para nos defendermos. No ano passado fui ao Equador, ao Peru, à Argentina. Em todas as salas de cinema só havia filmes americanos, à exceção do *Cyrano de Bergerac*.

BM — O que você pensa do teatro brasileiro?

J-CC — Com o teatro brasileiro acontece a mesma coisa que no mundo inteiro. Há 25 anos anunciou-se a morte do teatro. O que se passou foi o contrário. De todas as formas de expressão, no Brasil como em outros lugares, o teatro é a mais viva de todas. Existem pelo menos quatro ou cinco grupos de teatro fascinantes no Brasil. Cada vez que vou lá vejo pelo menos uma ou duas peças.

BM — O Carnaval brasileiro é uma ópera de rua que o povo prepara durante o ano inteiro, é um evento dotado de um enredo significativo, ilustrado por meio de alegorias e fantasias excepcionais e que é filmado como uma sucessão desconectada de imagens. Como você filmaria o evento?

J-CC — Acho que, se eu tivesse de filmá-lo, faria o contrário do que atualmente se faz, essas reportagens curtas que selecionam as imagens em função do que há nelas de *sexy* ou de barroco. Para fazer alguma coisa interessante sobre o Carnaval seria necessário seguir uma ou duas pessoas o ano inteiro, filmá-las rapidamente no dia do desfile e depois reencontrá-las brevemente no dia seguinte. Só assim seria possível dar uma idéia verdadeira de toda a metafísica secreta do Carnaval, dessa ópera de rua que também é uma grande alegoria da vida.

II. O BUDISMO

Depois de ter estudado longamente o hinduísmo para adaptar o Mahabharata, *Jean-Claude Carrière foi à Índia em 1994 para encontrar o principal representante do budismo, o Dalai-Lama. Do encontro resultou* A força do budismo*, *livro que o Dalai-Lama assina com Jean-Claude Carrière, que eu fui de novo entrevistar na casa de Pigalle.*

**La Force du Boudhisme*. Paris, Laffont, 1995.

BM — Na introdução ao livro, você diz que procurou evitar na relação com o Dalai-Lama tanto um respeito paralisante quanto um desrespeito inútil. Será que você poderia falar sobre o seu modo de proceder?

J-CC — Trata-se de uma atitude que aprendi no meu campo profissional. Sempre que vamos abordar um tema de outra cultura, como o *Mahabharata*, por exemplo, tanto se deve evitar a veneração quanto a irreverência extrema. Se eu tivesse ficado de joelhos diante do *Mahabharata*, não teria transmitido nada. Quando quis abordar o budismo, disse para mim mesmo que podia ter diante dele a mesma atitude que tive diante da epopéia indiana.

Queria encontrar um personagem verdadeiramente representativo do budismo e não há ninguém mais representativo do que o Dalai-Lama. Primeiro nós nos vimos e depois ele pediu que eu lhe escrevesse explicando exatamente o que desejava discutir e a maneira como o faríamos. Acredito que ele tenha se decidido a fazer o livro por causa das cartas que lhe enviei e também porque sou mais idoso do que ele. Interessava ao Dalai-Lama falar com um representante do Ocidente, alguém que estivesse disposto a viajar para a Índia e conhecesse a tradição indiana. Nós, inicialmente, definimos os temas. Claro que estávamos preparados para as surpresas, os desvios.

BM — Como quando a gente escreve um romance, por exemplo.

J-CC — Sim, ou quando adapta um romance para o cinema. É preciso estar sempre pronto para a surpresa.

BM — Você preparou longamente a entrevista.

J-CC — O encontro.

BM — Sim, você o preparou e depois enviou os temas ao Dalai-Lama. Quando o livro estava acabado, submeteu-o novamente a ele... Por que este procedimento?

J-CC — Como o livro seria assinado por nós dois, era

preciso que ele lesse. Ele leu algumas partes e outras foram lidas pelos seus assistentes. O texto francês foi lido por um tibetano que mora aqui em Paris e conhece bem o francês. Depois, foi traduzido para o inglês pelo mesmo tibetano, em colaboração com outros assistentes do Dalai-Lama. Um livro assinado pelo maior representante vivo do budismo não pode ser criticado do ponto de vista budista e eu não sou uma autoridade. Terminei de escrever o livro no mês de junho e ele só foi publicado em janeiro por causa da revisão. Reencontrei o Dalai-Lama duas vezes em Paris. Nós nos tornamos muito amigos.

A propósito do método de trabalho, eu gostaria de dizer duas coisas. Para o budismo, a questão do nível é fundamental. O Dalai-Lama diz sempre que para uma questão sábia a resposta deve ser sábia e, para uma questão infantil, a resposta deve ser infantil. Se eu der a uma questão sábia uma resposta infantil, me torno ridículo. Se a uma questão infantil eu der uma resposta sábia, será inútil. Portanto, encontrar o nível em que íamos falar era muito importante, porque a nossa conversa estava destinada a se tornar pública. Tanto o Dalai-Lama quanto eu tínhamos em vista a transmissão. Na Índia, esta se faz freqüentemente por meio de um guru, por meio da linguagem oral, um guru que em geral só fala para uma ou duas pessoas. Era preciso achar uma outra forma. Para encontrar o nível, levamos mais ou menos uma hora.

BM — Foi rápido.

J-CC — Era como se durante aquela hora estivéssemos ajustando os ponteiros. A segunda coisa que quero dizer é que no budismo tudo se liga. Se eu colocasse uma questão sobre o meio ambiente, ele deveria considerar o budismo inteiro para responder. Assim, eu logo me dei conta de que não podia deixar de tratar do budismo propriamente dito no livro. Não podia me contentar com a idéia de só trocar idéias com o Dalai-Lama sobre o mundo de hoje. Portanto, propus a ele o seguinte:

"Temos de abordar no livro as questões de doutrina, questões que o senhor conhece muito bem, eu um pouco e o leitor simplesmente desconhece. Mas, para ganhar tempo (só tínhamos três semanas), proponho que eu não o interrogue sobre estas questões e colha as informações necessárias nos livros anteriormente publicados pelo senhor." Ele imeditamente topou, o que me permitiu ganhar tempo e também implicou um imenso trabalho de escrita, porque trabalhava com quarenta livros à minha volta, livros que guardei, sobretudo os que foram escritos por ele. A técnica de trabalho foi esta.

BM — Você foi à Índia para saber o que o budismo pode nos ensinar. O budismo obviamente só pode ensinar o que formos capazes de aprender com ele. Gostaria que você dissesse o que nós ocidentais desconhecendo as práticas budistas de meditação, podemos aprender.

J-CC — Existem muitas atitudes possíveis em relação ao budismo. Primeiro, a adesão total. Se você decidir que vai pertencer a uma comunidade budista, deve mudar de vida e entrar na universidade, onde ficará doze anos. Deve inicialmente aprender três línguas, o sânscrito, o páli (as duas línguas em que os textos antigos foram escritos) e o tibetano. São muitos anos para aprender estas três línguas, além da parte que o budismo chama de especulação e corresponde a tudo que não é a revelação, ou seja, o que o Buda disse. A especulação é a penetração em domínios do saber que a revelação não abordou. Por exemplo, a percepção, a memória, a vontade, que não são tratadas pelo Buda. Na universidade, há departamentos para estudar cada um destes elementos. Só para estudar a percepção na tradição budista a gente pode passar a vida inteira.

BM — Um campo do saber equivalente à psicologia da percepção...

J-CC — Sim, digamos que é um manual de filosofia enorme, no qual se encontram as operações do espírito. Decidimos não tratar da especulação no livro. O budismo distingue centenas de milhares de operações do espírito e mesmo um grande sábio como o Dalai-Lama não conhece todos.

BM — Os conhecimentos estão todos escritos?

J-CC — Claro, desde a Idade Média. Os budistas estão a par da psicanálise, da fenomenologia... Mas, voltando à sua questão, você tanto pode decidir mudar de vida e entrar na comunidade budista quanto se perguntar o que há de interessante no budismo para você e ficar só com o que lhe interessa.

BM — Você pessoalmente se interessa pelo budismo por quê?

J-CC — O hinduísmo me interessa há 22 anos. Como você sabe, o hinduísmo é o tronco, é, por assim dizer, a mão, e o budismo é um dedo que sai do hinduísmo e indica o caminho. Quando eu fui à Índia, encontrar o Dalai-Lama, fui para escrever um livro, a minha preocupação era estritamente profissional. Não queria deixar nada na sombra, queria compreender e transmitir bem.

BM — Você poderia falar sobre os conceitos fundamentais do budismo?

J-CC — Há um certo número de idéias inventadas pelo budismo que só pertencem ao budismo, como, por exemplo, o carma — o peso dos nossos atos —, o nirvana, a reencarnação... O Dalai-Lama, o budismo atual, privilegia algumas idéias por considerar que podem nos ajudar. Posso citá-las, se você quiser...

BM — Por favor, diga.

J-CC — Há quatro idéias. Duas clássicas e duas modernas. Entre as clássicas existe a *impermanência*, a idéia de que tudo passa, nada permanece, nem mesmo o budismo. Se a gente se perguntar por que eles insistem tanto nesta noção, a gente percebe que é porque ela permite se opor ao integrismo, ao fundamentalismo. A impermanência é uma arma oferecida pelo budismo.

BM — Uma arma contra o dogmatismo. O antidogmatismo do Dalai-Lama é, aliás, surpreendente. Ele diz que, se a ciência mostrar que há um erro nas Escrituras, é preciso mudar as Escrituras.

J-CC — Sim.

BM — E a segunda idéia, qual é?

J-CC — A segunda idéia que o budismo privilegia é a da *interdependência*, o fato de que é impossível separar as coisas, de que não se pode separar o dedo da mão, a mão do corpo, o corpo do mundo etc. Se nos perguntarmos a que isto nos leva, imediatamente pensaremos no meio ambiente, no perigo que ameaça o planeta precisamente porque a espécie humana se considera superior às outras. O budismo considera que somos um dos dentes da engrenagem, um dente particularmente perigoso, porque ameaça destruir a engrenagem e, com isso, se destruir. A interdependência é uma noção propícia à ciência moderna, para a qual o observador transforma a coisa que observa. Por causa da noção da interdependência, o espírito budista estava mais bem-preparado para acolher as descobertas da mecânica quântica.

Além das duas noções clássicas, a impermanência e a interdependência, existe a noção da *não-conversão*. Não converter o próximo é uma noção fundamental do budismo. Quando as pessoas perguntam ao Dalai-Lama se devem ou não se converter ao budismo, ele responde: "Não, fique como você está. A sua tradição deve ser uma coisa boa, do contrário não seria uma tradição."

A quarta noção é uma nova noção de pátria. O Dalai-Lama, como você sabe, teve de deixar o Tibete, exilou-se na Índia, mas, aí chegando, a primeira preocupação dele não foi a de criar um exército para reconquistar o seu país, e sim abrir uma escola. Ele queria sobretudo que a língua tibetana não se perdesse, nem a poesia, nem a música, que se perpetuaram graças a ele. O

Dalai-Lama foi o primeiro homem de Estado que situou a cultura como arma de sobrevivência, uma arma incomparável. Compreendeu que a cultura é uma arma mais forte do que o exército — coisa que muitos países ignoram. Existe um povo que compreendeu a importância da cultura — o povo judeu, que só subsistiu na diáspora graças a ela. Há hoje formas mais sutis de fazer desaparecer um país do que a invasão armada. Invadir com idéias alienígenas, por exemplo. O fato é que, por ter perdido a pátria da sua infância, o Dalai-Lama imaginou uma nova forma de pátria se fazendo por intermédio da cultura. Ele hoje se pergunta se não é possível colocar um pouco do Tibete em cada um de nós por meio do pensamento e da atitude budista.

BM — O Dalai-Lama considera que vivemos hoje uma época de virtude, de ajuda mútua; em suma, um período melhor. Uma das razões deste otimismo é o fim da guerra fria, outra é que a ideologia da não-violência tem marcado alguns pontos, a exemplo do que fez Arafat. Ele é muito otimista, não acha?

J-CC — Muito não. Ele pertence a uma tradição otimista. Como você sabe, a base do budismo é o otimismo. Ele parte da revelação de que a condição humana é sinônimo de sofrimento, de que o homem é frustração, doença, envelhecimento, morte, porém afirma que há uma maneira de escapar ao sofrimento e a questão é saber encontrar esta maneira. No caso do Dalai-Lama, o otimismo é contrabalançado pela lucidez da personagem.

BM — Uma das características do budismo é a maleabilidade. Quando pensamos em certas culturas da Europa ocidental como, por exemplo, a alemã e mesmo a francesa, dizemos para nós mesmos que elas são avessas ao budismo. O que você pensa disso?

J-CC — O que você chama de tradição francesa?

BM — Para mim, existem fundamentalmente duas: a rabelaisiana e a proustiana...

J-CC — Se você estivesse se referindo ao catolicismo, diria que tem razão. Mas é difícil afirmar que a maioria dos franceses segue João Paulo II. Também existe aqui, na França, uma tradição racionalista, voltairiana...

BM — Mas você acha que essa tradição racionalista favorece a maleabilidade?

J-CC — Mais do que a outra.

BM — A cultura francesa funciona inteiramente segundo o princípio da não-contradição, do terceiro excluído. No Brasil há uma religião e uma cultura que não funcionam desta maneira. O santo católico é cultuado junto com o santo africano. Não existe uma relação de exclusividade. O Carnaval, que segundo um dos nossos grandes escritores, Oswald de Andrade, é a religião nacional, tanto exibe cinderelas negras quanto gueixas loiras.

J-CC — Na Índia, a cultura também não é inteiramente regida pelo princípio da não-contradição.

BM — O budismo preconiza a rejeição do desejo e se vale, para isso, de uma série de recursos, entre os quais a meditação. Ora, nós ocidentais fomos e somos formados para insistir no desejo. Os surrealistas falavam na onipotência do desejo. A psicanálise ensina a conhecer o próprio desejo e perseguir a sua realização. Como explicar a moda do budismo no Ocidente?

J-CC — Não se pode dizer que o budismo rejeite totalmente o desejo. O desejo de ser agradável a você, por exemplo, ou o desejo que alguém tem de auxiliar alguém é um verdadeiro desejo para o budismo, que não é propriamente uma teoria da renúncia. O budismo valoriza a ação, ele nos leva a auxiliar os outros. Não digo que eu o faça, mas com este livro fiz.

BM — Como?

J-CC — A maioria dos direitos autorais vai para o Tibete.

BM — Voltando à questão do desejo...

J-CC — Tudo depende do sentido em que a palavra desejo

é utilizada. Quando se trata do desejo de consumir, que a publicidade procura despertar, o Dalai-Lama diz que é o mal do Ocidente, porque é um desejo insaciável, leva à frustração e à destruição do planeta. Já a noção de desejo tal como foi utilizada pelos surrealistas não é contrária ao budismo. O desejo surrealista é, por um lado, um desejo de conhecer uma realidade surreal e por outro, de estar à escuta do mundo e de transformá-lo. Os surrealistas foram, aliás, os primeiros no Ocidente a denunciar o consumo.

No que diz respeito ao desejo no sentido sexual, a questão é tão problemática no budismo quanto nas outras religiões. Não cheguei a falar muito sobre isso com o Dalai-Lama. Existe uma confusão entre o amor e o sexo que nunca foi resolvida. Felizmente, aliás, do contrário eu não teria trabalho. As histórias de amor são essenciais à produção cinematográfica.

BM — Você diz no livro que o século XX terá sido o do exílio. Seria possível falar sobre isso?

J-CC — Nenhum outro século viu tantas pessoas deslocadas voluntária ou involutariamente.

BM — O século XX terá sido também o dos mestiços...

J-CC — E eu me pergunto se a América Latina, que há mais de duzentos anos produz obras belíssimas sobre a questão da identidade, não virá a ser um continente muito importante. O que foi considerado a fraqueza do continente, a mestiçagem, talvez venha a ser a sua força. O mundo de amanhã será necessariamente mestiço e é possível que o continente latino-americano esteja mais bem-preparado do que a Europa. Na América Latina eles só falam duas línguas. Todos os sistemas de produção e de co-produção podem ser facilitados Quando Menem falou na televisão brasileira, sequer houve tradução. A barreira da língua não existe. São as mesmas origens culturais. O mestiço, na história do mundo, foi considerado durante muito tempo uma personagem inferior. *Es un mestizo.* Em francês se diz *métèque* para alguém que não é de raça pura. Ora, nós sabemos que as raças misturadas são mais resistentes do que as outras e que os filhos dos mestiços tomam o que há de melhor em cada um dos pais. Ademais, é possível que o mestiço seja mais tolerante.

BM — A propósito do continente latino-americano, você ouviu falar de um autor chamado Paulo Coelho?

J-CC — Ouvi, mas não li o livro dele.

BM — Vendeu 300 mil exemplares aqui, apesar da crítica, que o caracterizou como um autor decidido a se inscrever no registro do comércio e da Imaculada Conceição. Pena que você não tenha lido, pois eu gostaria que você me explicasse a razão do sucesso dele num país cuja tradição é cartesiana.

Anexo

O Parlamento Internacional dos Escritores

A maioria das entrevistas aqui reunidas foi realizada entre 1992 e 1995, período em que surgiu e se estabeleceu o Parlamento Internacional dos Escritores.

Em 1994, o mesmo se reuniu em Lisboa, onde eu estive cobrindo o encontro como enviada especial do jornal *Folha de S. Paulo*. Na ocasião, entrevistei vários escritores sobre a importância do organismo que os congregava. Daí a inclusão, em forma de anexo, dos artigos publicados no jornal sobre o Parlamento Internacional dos Escritores e a sua reunião em Portugal.

1. Em 1989, Salman Rushdie, já consagrado como escritor, publica *Os versículos satânicos*. Sob o pretexto de que ele blasfemou contra o Islã, o aiatolá Khomeiny o condena à morte. Quem leu o romance sabe que Rushdie trata a modernidade ocidental com o maior ceticismo e mostra mesmo como os textos sagrados do Islã são aviltados pela televisão e a publicidade.

Isso não o inocentou diante do espírito teocrático, para o qual abordar os textos sagrados num romance é pior do que qualquer ataque direto, precisamente porque, sendo contrário à afirmação de uma verdade única, o romance não permite àquele espírito se defender.

O caso do autor de Os *Versículos satânicos* evidencia que a arte do romance está ameaçada, porque o direito à ambigüidade e ao enigma está em perigo.

Depois da condenação de Rushdie, que desde então vive na clandestinidade, em junho de 1993, vários escritores são assassinados na Argélia. Em face desses crimes, um grupo de cinqüenta escritores e intelectuais europeus e americanos, apoiando-se numa proposição do sociólogo francês Pierre Bourdieu, propõe a fundação de um parlamento internacional dos escritores.

O apelo é enviado a mais de duzentos escritores do mundo inteiro e aceito unanimemente.

Reivindicando a autonomia da literatura em relação aos diferentes poderes e insistindo na necessidade de uma estrutura capaz de organizar um movimento de solidariedade internacional, o grupo funda, ainda em novembro de 1993, o Parlamento Internacional dos Escritores.

O trabalho do Parlamento exige uma instância de deliberação e de execução. Isso resulta na criação de um conselho presidido por Salman Rushdie e composto por Adonis (poeta libanês), Breyten Breytenbach (escritor sul-africano), Carlos Fuentes (escritor mexicano), Edouard Glissant (escritor martiniquense), Jacques Derrida (filósofo francês), Pierre Bourdieu (sociólogo francês) e Toni Morrison (escritora americana).

Salman Rushdie, então, redige uma "Declaração de Independência", a carta de princípios do Parlamento:

> *"Os escritores são os cidadãos de muitos países: o país limitado e ladeado pelas fronteiras da realidade observável e da vida cotidiana, o reino infinito da imaginação, a terra semiperdida da memória, as federações do coração simultaneamente incandescentes e geladas, os estados unidos do espí-*

rito (calmos e turbulentos, largos e estreitos, regulados e desregulados), as nações celestes e infernais do desejo e — talvez a mais importante das nossas moradas — a república sem entraves da língua.

São estes países que o nosso Parlamento dos Escritores pode, sinceramente, e, com tanta humildade quanto orgulho, pretender representar. Em conjunto, eles englobam um território bem maior do que o jamais governado por qualquer potência terrestre; no entanto, as suas defesas contra esta potência podem parecer muito fracas.

A arte da literatura exige, como condição essencial, que o escritor possa circular entre aqueles numerosos países como bem entender, sem necessidade de passaporte ou visto, fazendo o que quiser com eles e consigo mesmo. Nós somos mineiros, ourives, homens sinceros e mentirosos, bufões e chefes, mestiços e bastardos, pais e amantes, arquitetos e demolidores. O espírito criador, por natureza, não tem limites nem fronteiras, rejeita a autoridade dos censores e dos tabus. É por esta razão que ele é freqüentemente tratado como inimigo por estes potentados fortes ou insignificantes, os quais atacam a arte por construir imagens do mundo que ferem ou sabotam as suas próprias representações, mais simples e menos francas.

No entanto, não é a arte que é fraca, os artistas é que são vulneráveis. A poesia de Ovídio sobreviveu; a vida de Ovídio foi miserável por causa dos poderosos. A poesia de Mandelstamm continua viva; o poeta foi assassinado pelo tirano que ele ousou nomear. Hoje, no mundo inteiro, a literatura continua a se opor à tirania — não de maneira polêmica, mas negando a sua autoridade, trilhando o seu próprio caminho, declarando a sua independência. O melhor da literatura ficará; mas nós não podemos esperar do futuro que ele a libere das cadeias da censura. Muitos autores perseguidos também sobreviverão, de uma ou de outra ma-

neira; mas nós não podemos esperar em silêncio o fim de sua perseguição.

O nosso Parlamento dos Escritores existe para lutar pelos escritores oprimidos e contra todos os que os perseguem — eles e as suas obras — e para renovar incessantemente a declaração de independência, sem a qual a escrita é impossível; e não somente a escrita, mas o sonho; e não somente o sonho, mas o pensamento; e não somente o pensamento, mas a própria liberdade."

Os membros do Parlamento Internacional dos Escritores têm como princípios de sua ação: a independência em relação aos poderes políticos, econômicos, da mídia e de todas as ortodoxias; o internacionalismo fundado no conhecimento e no reconhecimento da diversidade das tradições históricas; a dedicação às ações universais, concebidas e decididas em comum.

Os objetivos do Parlamento devem ser determinados por todos os seus membros. Em face da multiplicação dos atentados à liberdade de criação, ele visa a intensificar a consciência dos criadores e a defesa dos interesses comuns, proteger as línguas e as culturas minoritárias ou oprimidas (ensino, acesso à publicação etc.), a liberdade real de expressão (contra a censura), os instrumentos de produção e difusão (edição, revistas, política de tradução) e todas as instituições direta ou indiretamente ligadas aos produtores culturais e às suas condições de trabalho.

Para romper o isolamento dos escritores, o Parlamento se vale de uma rede-fax internacional que funciona entre os membros e também pode convocar rapidamente conferências de imprensa e manter tribunas livres nos jornais do mundo inteiro.

Por meio de uma rede de cidades-refúgio, se solidariza com os escritores ameaçados nos seus países ou condenados ao exílio.

2. Tendo em vista a discussão dos princípios, objetivos, formas de ação e organização, o Parlamento Internacional dos Escritores se reúne de 28 a 30 de setembro de 1994 em Lisboa. Entre os participantes estão Edouard Glissant, Eduardo Lourenço, Hélène Cixous, Jacques Derrida, Pierre Bourdieu e Toni Morrison.

A reunião ocorre na Fundação Gulbenkian, sem a presença esperada do Prêmio Nobel de Literatura, Wole Soyinka, nigeriano.

Apesar das pressões exercidas pelos presidentes da França e de Portugal, o governo da Nigéria se recusa a dar um passaporte para o escritor, cuja ausência no Parlamento é mais uma prova da necessidade deste.

A seguinte mensagem é enviada por Soyinka aos colegas reunidos em Lisboa: "Devemos continuar a luta contra os atentados à liberdade de expressão. O meu país, dirigido por uma ditadura militar que usurpou o poder, atravessa uma situação difícil. Entristece-me não estar com vocês e eu agradeço a solidariedade... Queiram transmitir a minha simpatia a Taslima Nasreen, cuja luta eu apóio inteiramente."

Protegida por forte esquema de segurança, Taslima Nasreen, condenada à morte pelos integristas de Bangladesh, comparece ao Parlamento no segundo dia de reunião e faz um depoimento comovente. "Comparada aos grandes escritores, eu não sou ninguém. Só o que posso dizer é que sou diferente. Sou inteiramente eu mesma, uma viajante solitária... O adjetivo 'burra' é aplicado às mulheres de Bangladesh, independentemente da inteligência e da cultura que tenham, e eu resolvi falar pelas 'burras'... Na verdade, eu hoje sou um pretexto para que os fundamentalistas continuem a fazer das mulheres do meu país cidadãs de segunda categoria... Não sei o que a minha poesia vale, mas sei que as 'burras' do meu país sabem que eu escrevo para elas."

Salman Rushdie, presidente do Parlamento, alega uma razão literária para não comparecer: a escrita de um novo livro. Conclui sua mensagem lembrando que os colegas reunidos em Lisboa não serão julgados pelas suas palavras e sim pelos seus atos.

O Parlamento se encerra com um protesto oficial contra o governo nigeriano e uma série de resoluções.

Primeiramente, considerando que os povos de Ruanda são vítimas do crime de genocídio — no sentido expresso pela Convenção da ONU de 1948 —, estabelecimento imediato dos mecanismos jurídicos necessários ao julgamento dos autores destes crimes contra a humanidade.

Em segundo lugar, tudo fazer para que os intelectuais argelinos perseguidos sejam recebidos nas universidades e instituições de ensino dos países democráticos.

Em terceiro, enviar uma missão ao Timor para saber qual a situação dos intelectuais no país.

Finalmente, ampliar a rede de cidades-refúgio de que já fazem parte Amsterdã, Berlim, Estrasburgo e Helsinki.

3. O único Parlamento ao qual o presidente não comparece, alegando razões estritamente literárias, é o dos escritores. Mas o Parlamento Internacional dos Escritores não é único apenas porque a escrita justifica a ausência. Também o é porque o presidente, Salman Rushdie, pôde dizer, na sua mensagem, que os membros, todos escritores, serão julgados pelas suas iniciativas, e que talvez seja salutar não serem julgados pelas palavras e, sim, pelos atos.

A unicidade daquele Parlamento, que se forma em nome da liberdade literária e contra o dogmatismo religioso ou ideológico, decorre do fato de que o paradoxo pode vigorar e a seriedade não exclui o riso, que é próprio do homem, como dizia Rabelais.

A mensagem de Rushdie serve para situar o Parlamento no campo a que pertence, o da literatura, e justificar a existência de um "contrapoder" ou "multinacional crítica", conforme definição do Parlamento por Pierre Bourdieu.

Trata-se de um contrapoder necessário num tempo em que a palavra em liberdade se tornou um perigo e o escritor precisa se engajar para não ser vítima da tirania dos mestres do silêncio.

Apesar de um incidente que poderia ter sido evitado com a imprensa — injustamente afastada da assembléia no dia em que Taslima Nasreen comparece —, o encontro é um sucesso porque, entre as suas resoluções, está a de fazer a ONU reconhecer que a palavra *genocídio* deve ser aplicada a Ruanda. Tal reconhecimento não apenas tornará obrigatório o julgamento dos responsáveis como ainda imprescritíveis os crimes cometidos. Um sucesso, porque os escritores agiram como escritores, intervieram eficazmente na realidade, valendo-se da virulência das palavras.

Para saber o que pensavam os parlamentares reunidos em Lisboa sobre a contribuição possível do Parlamento e a questão da censura nos respectivos países, entrevistamos vários membros presentes: Eduardo Lourenço, autor de *O labirinto da saudade* — prêmio europeu do ensaio em 1988; o romancista José Saramago; Hélène Cixous, ensaísta e ficcionista, autora de *A hora de Clarice Lispector*; o filósofo Jacques Derrida; Edouard Glissant, poeta martiniquense; Assia Djebar, romancista argelina, exilada na França; Adonis, poeta libanês; Bei Dao, a grande voz da dissidência literária chinesa, exilado nos Estados Unidos. Segue o texto da entrevista.

BM — Qual pode ser, na sua opinião, a maior contribuição do Parlamento Internacional dos Escritores?

EDUARDO LOURENÇO — Não se deve esperar uma intervenção que tenha efeitos imediatos, como a dos políticos. Os escritores aqui reunidos pretendem alertar a comunidade internacional sobre os ataques sofridos pela liberdade de pensar e de escrever em vários países do mundo. Os exemplos mais célebres e trágicos são os de Rushdie e Nasreen. O nosso protesto é de ordem moral, temos a obrigação de defender uma das grandes tradições da nossa civilização, que é a da liberdade de expressão.

JOSÉ SARAMAGO — A contribuição vai depender do eco que o Parlamento possa ter na opinião pública. Podemos dizer coisas importantes, tomar grandes decisões, mas se não tiver repercussão... Tudo depende da capacidade que o Parlamento tiver de transmitir as suas idéias à imprensa, ao rádio e à televisão. Não sei se os jornalistas estão conscientes da grande responsabilidade que têm.

HÉLÈNE CIXOUS — O simples fato de conseguir reunir escritores em torno do tema da defesa da liberdade é extraordinário e já é uma contribuição. Isso nunca havia sido feito. Os grandes escritores, que vivem em países não-democráticos, são todos defensores da liberdade de pensamento e de expressão. O fato de o governo nigeriano ter impedido Wole Soyinka, Prêmio Nobel de Literatura, de vir a este Parlamento é um indício da importância do escritor na sociedade contemporânea. Mandelstamm, um dos grandes poetas russos, que foi deportado em 1938 e morreu num campo de concentração, dizia que o poeta é uma das pessoas mais importantes do mundo porque ele pode ser preso por causa de um poema.

JACQUES DERRIDA — Contribuição? Já protestamos contra o que o governo nigeriano fez a Wole Soyinka. Ontem escutamos Taslima Nasreen. Amanhã, vamos anunciar um certo número de resoluções e, entre as medidas concretas, o prosseguimento da política de cidades-refúgio. Daqui por diante, pretendemos informar a imprensa sobre um grande número de perseguições a intelectuais, de modo a poder agir sobre os

Estados. Queremos nos organizar de modo a descentralizar o Parlamento e ter reuniões em vários lugares do mundo. Ademais, vamos refletir sobre o que está acontecendo com a democracia, com os direitos do homem... Sem a reflexão filosófica, nossa ação poderá se tornar repetitiva.

EDOUARD GLISSANT — A maior contribuição do Parlamento é a sua natureza, o fato de ser verdadeiramente internacional e não apenas uma emanação das idéias européias. Acontece que ele nasceu na França, depois do encontro do Carrefour des Littératures de Estrasburgo... O Parlamento deve corresponder à situação real do mundo, que é o objeto mais importante da literatura. O que se passa hoje, essa espécie de mistura extraordinária das culturas, muda as mentalidades. É preciso que tenhamos consciência de que cada comunidade deve preservar a sua identidade, não deve se perder numa espécie de magma universal, mas tampouco se fechar sobre si mesma.

ASSIA DJEBAR — No quadro do Parlamento já existe uma rede de cidades-refúgio, o que é uma contribuição. Nós aqui vamos escutar escritores que vêm de países onde há perseguições e depois, a partir de informações confiáveis, discutir o que fazer. Temos de ir em direção a coisas mais concretas.

ADONIS — O que faz a identidade de uma cultura é a criação. Se os criadores são oprimidos, a cultura e o povo são oprimidos. A contribuição do Parlamento é defender a liberdade de criação.

BEI DAO — A maior contribuição é a reunião de escritores do mundo inteiro, o encontro, independente do país de origem, da língua, da religião.

BM — Que temas poderiam implicar censura, se fossem abordados no seu país?

EDUARDO LOURENÇO — Não temos aqui, em Portugal, conflitos de ordem religiosa, ética ou biológica suficientemente dramáticos para que a censura se exerça. Mas no passado já houve até caso de escritor condenado à morte. Durante a Inquisição, o nosso grande autor dramático, o Judeu, brasileiro de origem, acabou na fogueira. Durante o período do Salazar, a criação esteve submetida ao olhar vigilante da censura.

JOSÉ SARAMAGO — O único caso que eu conheço de perto é o meu. *O Evangelho segundo Jesus Cristo* havia sido selecionado para um prêmio europeu e o governo considerou que o meu livro ofendia o povo português nas suas crenças, na sua religião. Isso é completamente idiota, claro.

HÉLÈNE CIXOUS — Existe na França uma censura infinita no que diz respeito às mulheres. A misoginia está sempre presente. Todas as mulheres que escrevem sabem disso. São barradas nos jornais, supermalrecebidas. No que diz respeito ao lugar da mulher na nação, a França se encontra em décimo terceiro lugar e só há cinco por cento de mulheres na universidade.

JACQUES DERRIDA — Na França, não existe uma censura explícita. A censura é mais sutil. O escritor corre o risco de não poder publicar, de não publicar na editora em que desejaria estar. Existem barreiras editoriais, grupos de pressão poderosos.

EDOUARD GLISSANT — A situação nas Antilhas francófonas é muito particular. Diria que não se trata de censura, porém de autocensura. A assimilação dos modos de vida franceses é tão profunda que o aparelho de Estado francês não precisa censurar.

ASSIA DJEBAR — Atualmente, a violência é tal na Argélia que qualquer intelectual, mesmo que não tenha se engajado no combate político, está ameaçado de uma ou de outra maneira. O que determina a censura não é o tema. Você é julgado pela língua na qual se exprime. Os que nos ameaçam são os que querem uma unicidade da língua. Eu posso ser perseguida só porque escrevo em francês, um outro por escrever em berbere e mesmo o que escreve em árabe, mas o faz no árabe do povo, também pode ser objeto da violência. Só está livre o que usa o árabe acadêmico, é um estado de pré-fascismo. Youssef Sebti, que escrevia em francês e no árabe da cultura popular, foi barbaramente assassinado.

ADONIS — A censura não é causada pelo tema. Na verdade, podemos abordar qualquer tema. O que conta é o *como*, como o tema é abordado.

BEI DAO — Só é censurado o que possa comprometer o governo ou o partido. No mais, tudo pode ser dito. São as questões de mercado que tornam a vida do escritor particularmente difícil na China, hoje.

As Entrevistas aqui Reunidas Foram Publicadas nos Jornais

Folha de S. Paulo

Hélène Cixous (28/11/82); Alain Emmanuel Dreuilhe (16/1/88); François Weyergans (10/1/93); Alicia Dujovne Ortiz (14/2/93 e 14/5/95); Catherine Millot (25/4/93); Michel Serres (11/4/93); Jean-Claude Carrière (30/5/93 e 3/9/95); Françoise Giroud (12/7/93); Hector Bianciotti (19/12/93); Françoise Sagan (22/12/93); Michèle Sarde (12/6/94); Jacques Derrida (26/6/94); Octavio Paz (19/6/94); Jean d'Ormesson (23/3/95); Edouard Glissant (05/2/95); Alvaro Mutis (21/1/96); Dominique Fernandez (julho de 1996); Nathalie Sarraute (agosto de 1996).

O Estado de S. Paulo

Patrick Grainville (29/2/92); Alain Didier-Weill (23/12/95).

Este livro foi composto na tipologia
A Garamond em corpo 11/13, impresso em
papel pólen soft 70g/m no Sistema Cameron
da Divisão Gráfica da Distribuidora Record.